부동산 경매 2천만 원으로 복마마 따라잡기

경린이들의 멘토
안해진 대표가 알려 주는
당장 써 먹는
경매의 모든 것

부동산 경매
2천만 원으로 복마마 따라잡기

안해진 지음

두 번의 암을 이겨 내고 100억 원 자산가로 우뚝 선 복마마가
알려 주는 경매 기초부터 인테리어까지, 20년 경매 노하우 공개!

좋은땅

'부동산 경매 2천만 원으로
복마마 따라잡기'를 출간하며

대장암 말기, 4%의 완치율, 사업 실패.

누구나 인생에서 두 번의 시련을 겪는다고 한다. 필자도 인생에서 두 번의 큰 시련을 겪었다. 첫 번째 시련은 28살의 이른 나이에 대장암 말기 판정을 받은 것이고, 두 번째 시련은 무리한 사업 확장으로 빈털터리가 된 것이다. '나 때문에 가족들이 힘들어지는 건 아닐까?' 자책하면서도 사랑하는 가족을 위해서 하루하루를 버텼다. 다시 일어날 수 없겠다고 생각한 그때, 아들 문제집을 골라주기 위해 서점에 갔다가 우연하게 부동산 경매 관련 책을 보게 되었다. 집을 경매로 산다는 제목에 이끌려 나도 모르게 책을 구입했다.

이때부터 모든 것이 달라졌다. 불확실한 미래가 선명해졌고, 다시 한번 일어날 수 있다는 희망이 생겼다. 이후 뒤돌아보지 않고 20년 동안 쉬지 않고 달려왔다. 어려운 순간도 있었지만 앞만 보고 달렸다. 그리고 뒤를 돌아보니 100억 원의 자산가가 되어 있었고, 5개의 법인을 운영하는 대표

이사가 되어 있었다.

고객들을 만나다 보면 불투명한 미래에 방황하고 어려움을 겪는 분들이 많다. 20·30세대는 현실이라는 벽 앞에 결혼이 두렵고, 결혼 후에는 아이를 낳고 키울 수 있을지 걱정한다. 40대부터는 120세 시대를 바라보고 있는 노후를 걱정한다. 미래를 고민하고 방황하고 있는 당신에게 부동산 경매로 희망을 찾을 수 있도록 길잡이가 되어 드리고 싶어서 이 책을 집필한다. 이 책을 읽는 모든 독자들이 부동산 경매로 노후 걱정 없이 행복한 미래를 꿈꾸길 바란다.

"배는 항구에 있을 때 가장 안전하지만,
그러기 위해 만들어지는 것은 아니다."

- 존 A. 쉐드(John A. Shedd) -

첫 번째 시련

28살 어느 날, 배가 너무 아프고 혈변이 쏟아져서 병원에 갔다. 평소에 장이 안 좋았기 때문에 큰 병이라고 생각하지 않고 동네 내과로 향했다. 의사가 한참을 망설이더니 상황이 좋지 않다고 큰 병원에서 당장 진료 받기를 권했다. 덜컥 겁이 났다. 겁이 나서 며칠 동안 병원에 가지 못하다가 의사의 권유대로 큰 병원으로 향했다. 검사 결과는 대장암이었다. 그것도 말기 암. 하늘이 무너지는 것 같았다. 병원에서 완치될 확률이 4%라는 얘기를 들었을 때, 그 자리에 주저앉아 펑펑 울었다. 어린 자식 생각에 눈물이 멈추지 않았다. 28살의 나이에 감당하기에는 너무 큰 시련이었다. '내가 죽으면 우리 가족은 어떻게 될까?'라는 생각이 들었다. 하지만 가족을 위해서 포기할 수 없었다.

당시 IMF로 국민 모두 경제적으로 힘든 시기였다. 우리 가족도 마찬가지였다. 수술과 항암치료를 병행하면서 육체적, 정신적, 경제적인 고통이 심했다. 거울을 보면서 매일 울었다. 풍성했던 머리는 어느새 남아 있지 않았다. 손톱과 발톱은 말랑말랑해지더니 점차 색을 잃어 갔다. 속이 안 좋아 밥 먹을 때마다 헛구역질이 몰려왔고 제대로 걷기조차 힘들었다. 가족과 신앙이 없었다면 포기했을지도 모르겠다.

'기적이 일어날 때까지는 절대 포기하지 마라.'

울고 있는 나에게 친구가 병문안을 와서 해 준 말이다. 작은 위로였지만 가슴에 와닿는 말이었다. 이 말을 매일 되새기며 긍정적인 생각과 신앙의 힘으로 대장암을 이겨 냈다. 완치율 4%는 숫자일 뿐이었다. 앞으로 남은 인생은 덤으로 산다는 마음뿐이었고 살아 있음에 감사했다. 이렇게 첫 번째 시련을 이겨 냈다.

두 번째 시련

병마를 이겨 냈지만 경제적인 어려움이 많았다. 옆에서 지켜 준 가족들을 위해서라도 빨리 성공해서 가정을 경제적인 면에서 안정적으로 꾸려 나가고 싶었다. 조급하고 초조해지기 시작했다. 언제 다시 암이 나를 덮

칠지 모르니까 건강할 때 성공해야 한다는 생각에 사업을 시작하게 됐다. 어릴 적부터 음식을 잘한다는 소리를 많이 들었고 자신 있었다. 또 외식 사업은 상대적으로 적은 비용으로 쉽게 할 수 있는 사업이라고 생각했다. 치료비가 만만치 않았기 때문에 당시에 남은 돈이 거의 없었다. 권리금 없는 상가를 오직 발품으로만 찾아다니며 음식점을 오픈했다.

결과는 대박이었다. 싸고 맛있으면 손님은 저절로 찾아오는 것이 아니겠는가. 음식에 대한 끊임없는 연구는 기본이고 당시에는 파격적인 선택도 하면서 직원들에게 한복을 입게 하는 등 작은 부분에서도 신경을 썼다. 소문을 듣고 많은 분들이 찾아 주셨고 지역 맛집으로 사업이 번창하기 시작했다. 체인점을 내고 싶다는 사람들도 속출했다.

하지만 욕심이 화를 불렀다. 사업 확장에만 집중하다가 외식 사업의 끝없는 신메뉴 개발과 치열한 경쟁 구도 속에서 사업은 점점 도태되기 시작했다. 어렵게 쌓은 공든 탑이 무너지는 것은 한순간이었다. 사업장들은 하나둘 문을 닫기 시작했고 남은 건 성공이 아닌 빚더미뿐이었다. 상가와 집까지 모두 채권자들 손에 넘어가고 돈 한 푼이 절실한 상황까지 몰리게 되면서 자살이라는 험한 생각까지 하게 되었다. 빚은 청산했지만 아무것도 남지 않았다. 그동안 고생했던 모든 것들이 허무하게 느껴졌다.

그러다 문득 가족이 생각났다. 암이라는 어려운 순간에도, 사업이 망해서 빚더미에 앉아도 가족은 항상 옆을 지켜 줬다. 덤으로 얻은 생명을 함부로 할 순 없었다. 아직 젊은데 이렇게 허무하게 무너질 수 없다는 각오로 9번 넘어져도 10번 일어나야겠다고 다짐하며 밑바닥부터 다시 시작하기로 했다.

5,000원으로 새로운 시작, 그리고 경매

어렵게 부여잡은 일자리는 보험 설계사였다. 첫 출근하는 날, 내 주머니에는 5천 원이 전부였다. 차비가 없어서 걸어 다닌 적도 한두 번이 아니었다. 도시락을 싸들고 다녀도 서럽지 않았다. 그래도 다시 시작할 수 있음에 감사했다. 다시 일어나야 된다는 생각뿐이었다.

결국 보험 판매 6개월 만에 서울에서 1등을 했다. 주위의 시샘도 있었지만 크게 개의치 않았다. 그 뒤로는 1등을 한 번도 놓치지 않는 최고의 보험 설계사가 되었다. 그렇게 몇 년이 흘러 가정도 안정이 되고 나의 삶도 경제적으로 여유가 있어질 무렵, 우연히 아는 사람을 통해 경매로 집을 샀다는 얘기를 듣게 되었다. 스치듯 들은 얘기였지만 기억에 남았다.

> "우연이라고 취급되는 것은
> 우연이 아니라 필연이다."
>
> - E.H 카 -

주말에 아들 문제집을 사러 서점에 갔다가 경제 코너에 있는 부동산 경매 책이 눈에 들어왔다. 경매로 집을 샀다는 지인이 생각났다. 당시에는 경매가 지금처럼 대중화되지 않을 때였다. 소수의 아는 사람만 아는 그들만의 리그였다. 마침 내 집 마련이 필요한 때라 호기심 반, 의심 반으로 책을 사서 공부를 시작했다. 우연히 시작한 경매 공부가 내 인생의 터닝 포인트가 될 줄 그때는 예상하지 못했다.

경매라는 건 드라마나 영화에서 미술 작품을 팔 때나 하는 줄 알았다.

그런데 집을 경매로 산다니. 너무 매력적이고 재미있었다. 공부를 하면 할수록 에너지가 솟구쳤다. 주경야독으로 낮에는 일하고 밤에는 공부하는 일상이 반복됐다. 경매 공부를 할수록 이 일을 직업으로 갖고 싶다는 생각이 머릿속을 떠나지 않았다. 그때만 해도 경매 컨설턴트가 많지도 않았지만 여자가 경매 컨설턴트를 하는 경우는 극히 드물었다. 남자가 하기도 힘든 일을 여자가 한다며 주변 지인이나 가족들의 반대가 극심했다. 보험 업무도 이미 잘하고 있었기 때문에 군이 새로운 일에 도전하는 것을 만류했고 가족들의 결정에 따를 수밖에 없었다.

하지만 회사를 다니면서 시간이 날 때마다 법원에 쫓아다녔고 공부를 이어나갔다. 공부를 하면서 이 일을 잘할 수 있을 것 같다는 확신이 들었다. 그리고 결단을 내리고 경매에 내 모든 것을 걸고 직업으로 뛰어들게 되었다.

오늘이 힘들고 내일이 불안한 당신에게

부동산으로 돈 버는 일이 쉽다고, 불로소득이라고 말하는 사람도 있겠지만 세상에 공짜는 없다. 아는 만큼 보이는 게 경매고 보이는 것보다 더 무궁무진한 보물이 숨어 있는 것이 경매 투자이다.

주식 투자, 가상화폐 투자, 부동산 투자 등 모든 투자는 손실에 대한 위험을 동반한다. 하지만 경매는 다르다. 제대로 공부하고 투자한다면 다른 모든 투자보다 손실에 대한 위험이 거의 없다. 두 번의 시련을 겪고 나서 마지막으로 선택한 경매라는 일은 그 어떤 투자보다 리스크는 적고 많은 기회가 있다.

이 책에는 필자가 처음 경매를 시작했을 때 겪었던 시행착오와 꼭 알아야 하는 경매 정보만을 담았다. 경매를 처음 접하는 사람이라도 책을 보고 따라하면서 경매를 쉽게 배울 수 있도록 친절하게 설명했다. 물건을 검색하는 방법부터 시작해서 인테리어를 끝내는 과정까지 필자의 모든 경매 노하우를 공개한다.

이 책을 통해 불투명한 미래에 방황하고 고민하고 있는 당신에게 부동산 경매가 터닝 포인트가 되길 진심으로 바란다.

목차

4장
권리분석 타파하기 I

5장
권리분석 타파하기 II

6장
발품 없는 경매는 없다

10장
돈 버는 알짜 인테리어

11장
복마마의 경매 투자 노하우

1장

___

나만의
포트폴리오
만들기

경매를 시작하기 전에 어떤 목적을 가지고 투자를 할 것인가를 생각해야 한다. 특히 부동산 중에서도 경매는 일희일비하지 않고 계획을 세워서 차근차근 목적을 달성해야 한다. 경매 투자를 할 수 있는 자금은 다양하다. 종잣돈이 많은 경우도 있고 적은 경우도 있을 수 있다. 보통 5천만 원 미만의 종잣돈으로 시작하는 경우가 많으므로 나의 자산에 맞게 포트폴리오를 작성해야 한다.

2천만 원 경매 포트폴리오

2천만 원으로 경매를 시작한다면 빌라(다세대 주택)를 추천한다. 빌라는 아파트에 비해서 물건도 많이 나오고 경쟁도 덜 하기 때문에 여러 번 유찰되어 시세 대비 저렴한 물건을 고를 수 있다. 빌라는 수도권에 있는 빌라를 추천하는데 지방보다는 수요가 꾸준하기 때문이다.

2017 타경 50191		수원지방법원 안산지원		매각기일 : 2017.11.21(화) 10:30		경매10계
소재지	경기도 안산시 단원구 선부동 1113-27 1층 102호					대법원바로가기
물건종류	다세대(빌라)	채권자	지출보증기금	입찰방법	기일입찰	
경매대상	토지 및 건물일괄매각	채무자		사건접수일	2017.01.11	
토지면적	29.52㎡(8.93평)	소유자		개시결정일	2017.01.16	
건물면적	49.08㎡(14.85평)	감정가	122,000,000	배당종기일	2017.04.04	
경매종류	부동산임의경매	최저가	(34%)41,846,000원	말소기준권리	2015.06.04	
청구금액	35,100,000원	입찰보증금	(10%)4,184,600원	입찰일	2017.11.21(화) 10:30	

무주택자라면 경매로 대출이 80% 정도 가능하다. 6천만 원에 낙찰을 받았다고 가정하면 이 경우 대출금은 4천 8백만 원 정도가 되고 실투자금은 1천 2백만 원이 된다.

	낙찰가	6000만 원
-	대출금	4800만 원
	실투자금	1200만 원

800만 원 정도의 여유금을 남긴 이유는 세금, 중개 비용, 등기 비용, 명도 비용, 인테리어 비용이 필요하기 때문이다.

항목	비용
등기 비용(취득세 및 지방교육세 포함)	100~120만 원
중개 비용(복비)	30~40만 원
명도 비용	70~100만 원
인테리어 비용	150~500만 원
합계	350~760만 원

인테리어까지 마쳤다면 6천만 원에 낙찰받은 빌라라면 보통 시세가 1억 원 정도 된다고 할 수 있다. 이 경우 만약 전세를 놓는다면 7천만 원 정도 받을 수 있고, 월세를 놓는다면 보증금 1천만 원에 월세 50만 원 정도를 받을 수 있다.

만약 7천만 원에 전세를 놓는다면 4천 8백만 원에 대한 대출을 갚고 2천 2백만 원 정도가 남게 된다. 이 경우 재투자가 가능하다.

만약 보증금 1천만 원에 월세 50만 원으로 월세를 놓는다면 보증금 1천만 원으로 투자금의 50%가 회수된다. 월세의 경우 주택이기 때문에 이자와 원금을 합한 금액은 대략 25만 원이 매달 지출된다. 월세 50만 원에서 대출에 대한 이자와 원금을 합한 금액을 제외하면 매달 25만 원의 수익이 발생하게 된다.

전세와 월세에 대한 부분은 개인의 선택이다. 만약 필자라면 전세를 선택하여 대출금을 갚고 회수된 투자금 2200만 원을 확보하는 것을 선택할 것이다. 회수된 투자금으로 재투자를 할 수 있기 때문이다.

빌라의 경우도 소액 투자로 시세차익을 노릴 수 있다. 위 빌라는 6천만 원에 낙찰받았지만 현재 시세는 1억 4천만 원으로 시세차익만 8천만 원 이상의 수익을 거두었다.

5천만 원 경매 포트폴리오

매일옥션 **무료전문가상담 1599-2646**
신뢰에 보답하는 법원 경매 전문

해당물건 상담신청

수원지방법원   매각기일 : 2013.10.28(월) 10:30   경매18계

소재지	경기도 화성시 향남읍 행정리				대법원바로가기
물건종류	근린상가	채권자	임의경매	입찰방법	기일입찰
경매대상	토지 및 건물일괄매각	채무자		사건접수일	2012.10.26
토지면적	55.19㎡(16.70평)	소유자		개시결정일	2012.10.26
건물면적	30.35㎡(9.18평)	감정가	282,000,000	배당종기일	2013.01.08
경매종류	부동산임의경매	최저가	(51%)144,384,000원	말소기준권리	2009.03.25
청구금액	110,000,000원	입찰보증금	(30%)43,315,200원	입찰일	2013.10.28(월) 10:30

5천만 원으로 경매를 시작한다면 1억 5천만 원 정도의 1층 상가를 추천한다. 상가의 경우 주택 수에 포함이 되지 않으며 대출도 상대적으로 많이 나온다.

	낙찰가	1억 5천만 원
-	대출금	1억 2천만 원
	실투자금	3천만 원

경매를 할 때는 항상 여유 자금을 남겨 두어야 하는데 남은 2천만 원으로는 각종 세금과 기타 비용을 충당해야 한다. 특히 상가의 경우 미납된 관리비가 많은 경우도 있으므로 이 부분을 잘 확인하고 입찰에 들어가야 한다.

항목	비용
등기 비용(취득세 및 지방교육세 포함)	800만 원
중개 비용(복비)	100~150만 원
명도 비용	100~200만 원
미납관리비 및 기타 비용	0~500만 원
합계	1000~1650만 원

상가의 경우에는 전세가 없기 때문에 월세를 놓아야 한다. 월세의 경우 지역마다 차이가 있지만 보증금 2000만 원에 80~100만 원 정도를 받을 수 있다. 대출 이자는 30만 원 정도이므로 월세에서 대출 이자를 빼면 매월 50만 원 이상의 수익을 창출할 수 있다.

진행과정

접수일	구분	일자
1일	사건접수일	2012.10.26
1일	개시결정일	2012.10.26
75일	배당종기일	2013.01.08
186일	최초경매일	2013.04.29

매각과정 [매각과정 전체보기]

접수일	회차	입찰기일	최저가	비율	상태
220일	2	2013-06-03	225,600,000	80%	유찰
248일	3	2013-07-01	180,480,000	64%	유찰
290일	4	2013-08-12	144,384,000	51%	매각
334일		2013-09-25	미납		
367일	5	2013-10-28	144,384,000	51%	매각
매각		매각가 157,500,000 (56%)			

상가의 경우 임차인에게는 삶의 터전이기 때문에 한번 들어오면 쉽게 이동하지 않는 특징이 있다. 이동이 잦은 빌라나 오피스텔에 비해 상가는 상대적으로 관리가 수월하다는 장점도 있다.

또한 상가의 경우 꾸준하게 임대만 들어와 있다면 가치는 더욱 높아지게 된다. 위의 상가는 1억 5천만 원에 낙찰받았지만 현재 매매가는 3억 5천만 원으로 시세차익만 2억 원 이상을 올렸다.

1억 5천만 원 경매 포트폴리오

1억 5천만 원 이상의 자금이 있다면 다가구 주택을 추천한다. 위의 다가구 주택은 필로티 구조로 주차장이 되어 있고 1층 원룸 1가구, 2층 3가구, 3층 3가구, 4층 2가구로 이루어져 있다.

감정가 4억 정도의 다가구를 3억 1천만 원에 낙찰받고 대출을 70% 받는다면 실투자금은 다음과 같다.

	낙찰가	3억 1천만 원
-	대출금	2억 1천만 원
	실투자금	1억 원

다가구 주택의 경우 건물 전체를 낙찰받기 때문에 건물에 금이 가거나 물이 새지 않는지 전체적인 상태를 잘 확인해야 한다. 하자가 있는 다가구 주택의 경우 수리비가 많아질 수 있기 때문이다.

항목	비용
등기 비용(취득세 및 지방교육세 포함)	1200만 원
중개 비용(복비)	200~300만 원
명도 비용	250~400만 원
인테리어 비용	1000만 원
합계	2500~3000만 원

지출되는 비용을 대략 3천만 원으로 잡는다면 여유 자금이 2천만 원 정도 된다. 경매에서는 예상하지 못한 비용이 들 수 있으므로 2천만 원 정도의 여유 자금을 확보하는 것이 좋다.

 물건사진　　　　　　　　　　　　　　　　　　　　　　 사진더보기

진행과정				매각과정					
접수일	구분	일자		접수일	회차	입찰기일	최저가	비율	상태
1일	사건접수일	2014.01.13		178일	1	2014-07-10	459,911,520	100%	유찰
5일	개시결정일	2014.01.17		213일	2	2014-08-14	321,938,000	70%	유찰
92일	배당종기일	2014.04.14		248일	3	2014-09-18	225,357,000	49%	매각
179일	최초경매일	2014.07.10		매각		매각가 312,166,000 (68%)			

전체를 월세로 놓는다면 1.5룸은 각각 보증금 1천만 원에 월세 50만 원, 원룸은 각각 보증금 200만 원에 월세 30만 원이 가능하다. 이 경우 총 보증금은 5천만 원으로 원금의 35%를 회수할 수 있고, 월세는 340만 원으로

2억 1천만 원의 대출 이자 80만 원을 빼도 매달 260만 원의 수익을 올릴 수 있다.

만약 전체를 전세로 놓는다면 1.5룸 전세는 6천만 원, 원룸의 전세는 4천만 원을 받을 수 있다.

	1.5룸	6000만 원	× 4
+	원룸	4000만 원	× 4
	합계	4억 원	

총 4억 원의 보증금을 회수할 수 있으며 대출 2억 1천만 원을 변제한다면 1억 9천만 원의 금액이 남게 된다. 총 투자금은 1억 3천만 원으로 6천만 원의 투자금을 더 확보할 수 있다.

이렇게 다가구 주택을 낙찰받아서 인테리어를 하고 세를 놓게 되면 전세나 월세로 계산했을 때 수익이 많이 남게 된다. 전체를 월세로 놓아도 되고 전세로 놓아도 되지만 필자는 다가구 주택의 경우 전세 50%, 월세 50%의 비율로 놓는 것을 추천한다. 적당한 전세는 위험 부담을 줄여 주고, 적당한 월세는 안정적인 수익을 이끌어 낼 수 있기 때문이다.

또한 다가구 주택을 안정적으로 운영한다면 매매 시 큰 시세차익을 남길 수 있다. 위의 다가구 주택은 3억 1천만 원에 낙찰받았지만 현재 시세는 6억 원 이상으로 대략 3억 원 이상의 시세차익을 올렸다.

다가구 주택이 매매가 어렵다는 것은 착각이다. 아파트와 빌라처럼 매매가 자주 일어나지 않을 뿐 많은 사람들이 다가구 주택에 투자하는 경우가 많다. 우리가 항상 기억해야 할 것은 부동산은 단 한 명의 구매자만 있으면 거래가 완료된다는 것이다. 다가구 주택은 관리가 많이 필요하다는 단점이 있지만 그만큼 큰 수익을 얻을 수 있다는 것을 기억하자.

2장

경매
입문하기

실전 사례 - 3명의 동거인

매미가 울기 시작하는 5월이었다. 한 통의 전화가 걸려 왔다. 고객이 의뢰한 것이다. 목소리가 지쳐 보였다. 사연은 이러했다.

수원에서 근무하는 부부였는데 동탄 신도시에 아파트를 원하셨다. 자금이 넉넉하지 않아 매매는 어려운 상황이라서 경매를 알아보셨다고 한다. 그런데 혼자 경매를 진행하다 보니 어려운 점도 많았고 어렵게 입찰에 들어갔는데 계속 떨어졌다고 한다. 그것도 네 번이나 떨어졌다고 한다. 매번 떨어질 때마다 아슬아슬한 차이로 떨어져서 '경매는 나랑 잘 안 맞는 건가?'라고 생각이 들었다고 했다.

보통 경매에서 입찰을 한두 번 떨어지다 보면 경매에 흥미를 잃고 매매로 구매하는 경우가 많다. 경매를 처음하시는 분들이 입찰에 네 번이나 떨어졌는데 포기하지 않은 것을 보고 끈기가 있으신 분들이라는 생각이 들었다.

경매를 통해서 가장 빠르게 수익을 올릴 수 있는 물건은 아파트이다. 아파트는 주택이나 토지에 비해 매매가 활발하고 수요도 많다. 많은 세대가 모여 있다 보니 생활 편의 시설도 잘 갖춰져 있는 경우가 많다. 부동산 가격이 오르려면 매매가 활발해서 기록이 남아 있어야 한다. 어느 순간 갑자기 오르는 경우는 특별한 호재가 있지 않는 한 드물다. 이런 점에서 아파트는 투자할 만한 좋은 물건이다.

고객이 원하는 물건은 동탄에 위치한 아파트였는데 마침 동탄에 경매 물건들이 나오기 시작하는 시기였다. 시세가 5억 원 이상 하는 물건이었는데 1회 유찰되어 입찰가가 70%까지 떨어졌다. 이렇게 아파트도 동시에 많은 물건이 나오는 경우에는 인기 있는 지역이라도 저렴하게 낙찰받을 수 있다. 권리분석상 세입자가 조금 걸리긴 했지만 문제는 없는 물건이었다. 동탄은 많이 가 본 지역이라 잘 아는 지역이긴 했지만 혹시 모를 문제가 있는지 한 번 더 확인하러 출발했다.

도착해 보니 인근에 학교도 많았고 상가라든지 모든 인프라가 잘 갖춰 있었다. 당시에는 동탄에 어두운 골목길도 많았는데 그런 골목도 없었다. 저렴한 금액에 낙찰받을 수 있다면 후에 크게 시세차익을 노려볼 수 있을 것 같았다.

임장에 다녀온 뒤 고객에게 입찰을 권유했다. 문제는 고객이 실거주가 아닌 투자로 구매하는 거라서 높은 금액은 쓰지 않겠다고 하는 것이다. 이미 시세 대비 저렴한 아파트인데 높은 금액을 쓸 수 없어서 불안했다.

고객을 설득해 봤지만 여유 자금이 부족해서 어쩔 수 없는 부분도 있었다. 그래서 쓸 수 있는 최대한의 금액을 쓰기로 결정했다.

경매 투자에서 중요한 점은 저점이라고 확신이 든다면 과감하게 배팅해야 큰돈을 벌 수 있다는 점이다. 결국 경매는 낙찰받는 순간 이득을 볼 수 있기 때문에 믿음을 갖고 과감히 배팅해야 한다. 십만 원, 백만 원 차이로 이길 수 있는 것이 경매지만 항상 그렇게 받을 수 없는 것이다. 입찰 금액을 주저하다가 큰 이득을 놓치는 경우가 너무 많다.

결과는 낙찰이었다. 당시 외환 위기로 동탄에 많은 아파트가 경매로 나왔다. 한 단지마다 2~3개씩 아파트가 경매로 나왔기 때문에 운도 좋았다고 할 수 있겠다. 경매는 운도 따라 줘야 한다. 앞서 네 번은 운이 따라 주지 않았지만 다섯 번째는 운이 따라 주었다.

문제는 명도였다. 한 아파트에 세입자가 3명이나 있었기 때문이다. 아파트에 전입세대열람에 3명의 세입자가 있는 경우는 매우 드물다. 게다가 동거인도 아니었고 각자가 들어와 있는 경우였다. 보통 이런 경우는 낙찰자를 곤란하게 하여 이사비를 더 받아 가려는 경우가 많다. 채무자는 상대방이 경매를 신청할 것이 예상되면 이렇게 경매 개시 전에 전입을 시키는 경우가 간혹 있다. 명도가 굉장히 어렵겠다는 생각이 들었다.

잔금을 치르고 등기를 한 후 세입자들을 만나 보기로 했다.

"안녕하세요 낙찰받은 사람입니다."

"네 안녕하세요."

마침 집에 세입자 중 한 명이 있었다. 젊은 아가씨였다. 크게 거부감이 없는 것 같아서 집 안으로 들어가서 얘기를 나눴다.

"다른 세입자 분들은 같이 사는 분들인가요?"

"아 그분들은 모르는 사람들이에요."

순간 멍했다. 모르는 사람들하고 같은 아파트를 쓰고 있다고?

"이전 집주인 분과 관계된 분은 아니신 건가요?"

"네 저는 그냥 방 한 칸을 월세로 쓰고 있는 거예요."

사정을 들어 보니 이랬다. 이 집에 월세로 들어온 첫 번째 세입자가 있었다. 그 세입자도 젊은 아가씨였는데 혼자서 넓은 집을 쓰기가 적적하기도 하고 비용도 부담이 됐다고 한다. 그래서 인터넷을 통해 나이가 비슷한 또래 아가씨들과 함께 셰어하우스처럼 사용하고 있던 것이었다.

원룸이나 빌라에 비해 아파트가 살기도 편하고 안전해서, 같은 미혼 여성끼리 함께 아파트를 빌려 셰어하우스처럼 지내는 경우가 종종 있다. 월세 계약을 한 한 명이 보증금과 월세를 모두 내고 나머지 두 명에게 방 하나씩 배정해 주면서 생활비와 월세를 받는 일종의 전대차 계약이 된 물건이었던 것이다.

이런 경우는 처음이라서 당황했지만 그래도 집주인과 이해관계인이 아니라서 이사비만 적당히 주고 내보낼 수 있을 것 같았다. 그날 다른 두 명은 집에 없다고 하여, 이야기를 나누지도 못했다. 명도는 꽤나 귀찮고 오래 걸릴 듯했다. 세 명이 같이 집을 사용할 뿐 남이어서 각각 따로 이야기를 나누고 명도를 진행해야 하는 것이다. 한 번에 모두 만나고 진행하면 좋지만, 점유자의 시간을 내가 편한 대로 맞출 수는 없는 법이라, 어쩔 수 없이 여러 번 오가야 할 상황이었다.

그날 마주쳤던 여자에게 내 명함과 상황에 대한 이야기를 남기고 돌아와야 했다. 며칠 기다려도 연락이 오지 않으면 계속해서 찾아갈 수밖에 없다. 다행히 두 명 모두에게서 연락이 왔다. 가능한 빨리 집을 비워 줄 것을 요청했고, 역시나 난감하다는 듯한 반응이 돌아왔다.

한 명은 받을 보증금도 없어 이사할 집을 구하기 더 어려운 상황이라며, 시간이 좀 걸릴 것 같다며 한숨을 쉬기도 했다. 사실 보증금 없이 월세만 내고 아파트에서 살다 갑자기 집을 구하려면 비슷한 조건으로 찾기 힘들 거라는 건 알고 있었다. 그래서 투정도 모두 들어 주고, 이사비로 30만 원씩 주기로 각자 합의를 보았다.

두 명은 늦지 않게 나갔지만, 집을 구하기 어렵다며 한숨을 쉰 한 명이 문제였다.

"이번 주말에는 비워 주셔야 할 것 같은데요. 다른 분들은 모두 이사하셨잖아요?"

"저도 갈 수 있으면 바로 비워드렸죠. 그런데 지금 당장 갈 데도 없고 그렇다고 제가 보증금이 있는 것도 아닌데 어떡하나요?"

부모님한테 가든지, 짐도 캐리어 2개면 충분하겠던데 모텔을 가든지. 왜 돈을 안 모아 놓고 나한테 이런단 말인가. 처음에는 어떻게든 이사하겠다던 점유자가 슬슬 말을 바꾸기 시작했다.

"저 정말 말씀하신 날부터 이리저리 알아보고 있어요. 보증금도 없으니 집이 안 구해져서 어쩔 수 없는 거죠. 거리로 나갈 수는 없잖아요?"

"그쵸. 제가 길거리로 그냥 쫓아내려는 게 아니에요."

"그러니까 제 상황도 고려해 주세요. 지금 나가려면 집을 구해야 하는데, 보증금으로 쓸 200만 원만 좀 융통해 주세요."

점유자의 저 말을 들어주면 안 된다. 사실 집이 나한테 넘어오면서, 원래 월세 계약자에게 월세를 줄 의미도 없어졌고 전기세나 수도세도 자신의 명의가 아니니 공짜로 살고 있는 상황이다. 그 와중에 추가로 요구하는 돈을 챙겨 주면 갈수록 요구는 커질 것이다.

"제가 처음부터 기한은 정해드렸고, 못 나가신다고 하면 강제로 집행할 수밖에 없어요."

"네? 아니, 방금 쫓아내는 게 아니시라고⋯. 어차피 이 집, 몇 억 이득 보고 사신 거 아니에요?"

"그게 아니면 제가 이렇게 챙겨 드리지도 않았죠. 집행하면 어차피 들어갈 돈, 임시로라도 숙소 잡는 데 쓰시라고 드리려는 거잖아요. 저도 드릴 수 있는 거 다 드리는 거예요."

신세한탄을 들어 주다 보면 끝이 없다. 공감해 주고 들어 주는 것도 중요하시만, 잘못하면 그 이야기에 말려서 오히려 명도를 하는 것에 죄책감만 느끼고 일이 진행이 되지 않는 경우도 많다. 내가 해 줄 수 있는 상한선을 꼭 정하고, 상대와 대화할 때도 잊지 않는 것이 중요하다.

"제가 낙찰받은 때부터 아무런 돈도 안 내고 거기 사셨잖아요? 그 월세 아끼신 것도 들고 가게 해 드리는데, 계속 그러시면 안 되죠. 저도 여유 있는 만큼은 기다려 드렸습니다."

내가 줄 수 있는 최선이 30만 원인 것은 이미 이야기를 했다. 나는 경고를 했고, 저 사람은 최대한 돈을 더 받으면서 공짜로 이곳에 더 살겠다는 뜻이었다. 물론 나 같아도 이렇게 살던 집에서 나가라 하면 당혹스러울 것이다. 그러나 그게 1~2주여야 봐주지 몇 달을 그렇게 있으려는 사람에게는 배려해 줄 필요가 없다.

"이번 주 말까지는 비워 주세요. 아니시면 법원 통해서 강제로 내보내겠습니다. 저도 그렇게 마음 상할 일 만들면서 돈 쓰고 싶지 않아요. 차라리 그럴 돈으로 조금이라도 보태시라고 드리고 싶었는데, 어쩔 수 없죠."

사실 강제집행은 꽤 오랜 시간이 걸린다. 그렇기 때문에 가능하면 합의 하에 내보내는 것이 더 좋은 방법이고 약간의 손해는 감수해도 좋다.

그렇게 독한 마음을 가진 사람은 아니었는지, 강수를 두자 여자는 투덜 대면서도 결국 집을 비웠다. 남은 집을 점검해 보니 건물은 역시 튼튼하니 문제가 없었고 보일러 등은 그대로 써도 될 정도로 관리가 잘되어 있었다.

경매 투자는 저점에 낙찰받아야 한다는 것을 기억하자. 그리고 저점에 낙찰받을 때는 과감하게 질러야 한다는 것도 반드시 기억해야 한다. 워낙 저점에 낙찰받은 물건이라 3억 6천만 원에 낙찰받은 물건은 2021년에 10억 원을 넘었다.

● 들어간 비용 & 최종 수익률 계산

	M 매일옥션 무료전문가상담 1599-2646 신뢰에 보답하는 법원 경매 전문					해당물건 상담신청	

2012 타경 32715		수원지방법원	매각기일 : 2013.05.28(화) 10:30		경매10계	
소재지	경기도 화성시 동탄지성로 ▨▨					대법원바로가기
물건종류	아파트	채권자	▨▨▨ 임의경매	입찰방법	기일입찰	
경매대상	토지 및 건물일괄매각	채무자	▨▨	사건접수일	2012.07.02	
토지면적	56.26㎡(17.02평)	소유자	▨▨	개시결정일	2012.07.03	
건물면적	84.96㎡(25.70평)	감정가	430,000,000	배당종기일	2012.09.21	
경매종류	부동산임의경매	최저가	(64%)275,200,000원	말소기준권리	2007.03.19	
청구금액	120,000,000원	입찰보증금	(10%)27,520,000원	입찰일	2013.05.28(화) 10:30	

부동산 경매 2천만 원으로 복마마 따라잡기

접수일	구분	일자
1일	사건접수일	2012.07.02
2일	개시결정일	2012.07.03
82일	배당종기일	2012.09.21
270일	최초경매일	2013.03.28

🔖 매각과정

접수일	회차	입찰기일	최저가	비율	상태
269일	1	2013-03-28	430,000,000	100%	유찰
297일	2	2013-04-25	344,000,000	80%	유찰
330일	3	2013-05-28	275,200,000	64%	매각
매각		매각가 365,900,000 (85%)			

중복/병합	2012타경00000(중복)

🔖 **임차인현황** [말소기준권리 : 2007.3.19.근저당권,배당요구종기 : 2012/09/21]   현황조사 매각물건명세서

임차인	용도/점유	전입일자	확정일자	배당요구일	보증금/월세	대항력	비고
한OO	방1칸	2012.3.7.	2012.3.7.	2012.09.19	20,000,000	X	
황OO	방1칸	2012.2.29.	2012.2.29.	2012.09.19	25,000,000	X	
현황조사서 기타	(주거)목적물에 대하여 2차에 걸쳐 현황조사차 방문하였으나 폐문부재로 소유자 및 점유자를 만나지 못하였으며, 이에 '안내문'을 부착하여 두었으나 점유자들의 연락이 없어 점유관계를 확인할 수 없으므로 관할동사무소에서 전입세대열람한 결과 전입되어 있음.						

● 들어간 비용

낙찰가	3억 6590만 원
취등록세	475만 원
명도비 & 관리비	120만 원
총 지출	3억 7185만 원
경락잔금대출	2억 5600만 원(70%)
실투자금	1억 1585만 원

● 1년 월세 임대수익

연이율(4%)	2억 5600만 원 대출 → 이자 85만 원
임대수익	보증금 3000만 원 / 월세 150만 원
1년간 임대수익	12개월 × [150만 원(월세) - 85만 원(이자)] = 780만 원

● 매매 후 수익

이자	96개월 × 85만 원 = 8160만 원
시세차익	10억 원 - 3억 7185만 원 = 6억 2815만 원
총 매매수익	6억 2815만 원 - 8160만 원 = 5억 4655만 원

경매 절차 한 번에 이해하기

경매를 이해하기 위해서는 먼저 경매가 어떤 방법으로 진행되는지 알아야 한다. 과정마다 세부적인 절차가 있지만 크게 보면 세 가지로 정리할 수 있다. 먼저 돈을 빌려 준 채권자가 법원에 경매를 신청한다. 그다음법원이 허락하면 경매를 진행하여 낙찰자를 선정한다. 마지막으로 낙찰자가 살고 있는 사람을 내보낸다. 경매 절차가 복잡해 보이지만 쉽게 생각하면 단순하다. 그러면 이제 세부적인 절차를 알아보자.

(1) 경매신청 및 경매개시 결정

채권자가 경매신청을 하면 법원은 경매개시 결정을 하여 매각할 부동산을 압류한다. 이후 법원은 관할 등기소에 경매개시 결정의 등기를 촉탁하여, 등기부에 표시한다. 법원이 경매가 시작된다는 걸 공표하는 것이다. 그 후에 채무자에게 경매개시 결정을 알린다.

【 갑 구 】		(소유권에 관한 사항)		
순위번호	등 기 목 적	접 수	등 기 원 인	권리자 및 기타사항
1	소유권보존	2016년5월27일 제12639호		소유자 박◯◯ ◯◯◯◯◯◯◯ 인천광역시 남동구 ◯◯◯◯◯◯◯
2	압류	2017년2월21일 제4439호	2017년2월21일 압류 (징수부-75 5)	권리자 국민건강보험공단 111471-0008863 관할소 원주시 건강로 32(반곡동, 국민건강보험공단) (인천남동지사)
3	2번압류등기말소	2017년3월29일 제7965호	2017년3월29일 해제	
4	가압류	2020년5월20일 제14494호	2020년5월20일 인천지방법원의 가압류 결정(2020카단1 ◯◯◯◯◯)	청구금액 금45,000,000 원 채권자 인천신용◯◯◯◯◯◯◯◯◯
5	임의경매개시결정	2020년8월31일 제26734호	2020년8월31일 인천지방법원의 임의경매개시결 정(2020타경520 958)	채권자 황◯◯ ◯◯◯◯◯◯◯ 서울 ◯◯◯◯◯◯◯◯◯◯ ◯◯◯◯◯◯◯◯◯◯

* 법원은 등기부등본에 경매가 시작된 것을 알린다.
(강화군 매일옥선 매입점포 2020 타경 520958)

(2) 배당요구의 종기 결정 및 공고

해당 부동산을 압류 후, 법원은 채권자들에게 배당요구를 할 수 있는 기

부동산 경매 2천만 원으로 복마마 따라잡기

간을 경매가 시작되는 날짜 이전으로 정한다. 경매개시 결정 이후부터 1주일 안에 경매개시 결정을 한 취지와 배당요구의 종기일을 법원 홈페이지에 공고한다.

(법원경매 정보 사이트: https://www.courtauction.go.kr/)

(3) 매각의 준비

법원의 집행관은 매각할 경매 물건의 점유관계, 전세, 월세 등의 보증금, 기타 현황 등을 조사한다. 이후 감정평가사에게 매각할 부동산의 감정을 의뢰하여 매각 가격을 정한다. 이렇게 정해진 매각 가격을 감정가라고 한다.

(4) 매각방법 등의 지정, 공고, 통지

법원은 아래의 2가지 방법 중 하나를 선택하여 경매가 시작하는 매각기일 등을 지정하여 법원 홈페이지에 통지, 공고한다.

1) 기일입찰 방법: 사전에 공지한 매각기일 및 장소에서 입찰표를 제출하는 방식.

2) 기간입찰 방법: 지정된 입찰기간 안에 직접 또는 우편으로 입찰표를 제출하는 방식.

(5) 매각의 실시

현재는 대부분 기일입찰 방법으로 매각을 진행한다. 기일입찰은 정해진 날짜와 시간에 입찰에 참여한 모두가 보는 앞에서 낙찰자를 가린다. 이때 가장 높은 금액을 쓴 최고가 매수신고를 한 입찰자가 낙찰받게 된다.

(6) 매각 결정절차

낙찰이 되고 7일 후 법원은 매각결정일까지 이해관계인의 의견을 들은 후 매각허가 결정을 한다. 매각을 허가한다는 결정에 불복하는 이해관계인은 즉시 항고할 수 있다.

(7) 매각대금의 납부

매각허가결정이 확정되면 법원은 잔금 납부기간(일반적으로 30~45일)을 정하여 매수인에게 매각대금의 납부를 명한다. 납부기간까지 납부를 하지 않게 되면 **차순위 매수신고인**이 최고가 매수인을 대신하여 낙찰을 받게 된다. 차순위 매수신고인이 없을 경우에 법원은 재매각을 진행한다.

(8) 소유권이전등기 등의 촉탁, 부동산 인도명령

매수인이 잔금을 모두 납부하면 비로소 부동산의 소유권을 취득하게 된다. 법원은 매수인이 필요한 서류를 제출하면 관할등기소에서 소유권이전등기를 촉탁한다. 이 과정은 대부분 법무사 사무소에 맡겨 진행하게 되고, 촉탁과 동시에 부동산 인도명령을 신청한다. 인도명령서는 후에 명도과정에서 점유자와 협상이 잘되지 않을 때, 강제집행을 할 수 있는 권원이 된다.

(9) 배당절차

매수인이 잔금을 모두 납부하면 법원은 배당기일을 정하고, 이해관계인과 배당을 요구한 채권자에게 그 기일을 통지하여 배당을 실시한다.

어려운 경매 용어, 꼭 알아야 할 것만

법원경매 물건을 찾다보면 생소한 용어들 때문에 당황하는 경우가 많다. 경매에서 사용하는 모든 용어를 알 필요는 없지만 꼭 필요한 경매 용어를 알아보자.

● 경매

부동산 물건을 사려는 사람이 여러 명일 때, 최고가로 입찰한 사람에게 낙찰되는 것을 말한다. 법원에 부동산 경매가 나오는 이유는 대부분 채권자가 빌려준 돈을 받지 못하거나 세입자가 전세금을 돌려받지 못하는 경우가 많다. 빚을 진 채무자의 부동산을 법원에 팔아 달라고 신청하면 법원 경매절차가 진행이 된다.

● 강제경매와 임의경매

부동산 경매는 **강제경매와 임의경매**로 나누게 되는데, 전체적인 절차에서는 큰 차이가 없다.

> 목적물(담보)를 압류 → 법원 경매를 통한 현금화 → 채권자의 채권
> (빚) 변제

위의 3가지의 절차를 통해 이루어지며, **강제경매**의 경우 소송에 승소하여 그 판결문의 가지고 경매가 이루어지는 것이다.

임의경매는 채권자가 채무자의 부동산에 설정한 근저당을 근거로 소송 없이 바로 경매에 들어가는 것을 의미한다.

● **등기와 가등기**

- **등기**: 부동산 거래의 안전보장을 위해 부동산의 권리내용, 물권변동의 사실과 내용을 등기부에 기재하는 행위를 말한다. 등기를 확인하는 것은 권리분석에서 가장 중요한 부분이다. 등기의 내용을 표시하는 등기부는 표제부, 갑구, 을구로 나뉘는데, 이 중 갑구는 부동산의 소유권에 관한 내용을 표시하므로 중요하게 체크해야 한다.

- **가등기**: 본등기의 순위보전을 위하여 미리 해 두는 등기를 말한다. 즉, 본등기의 순위를 미리 보전해 두는 효력을 가진다. 예를 들어 2017년 3월 1일에 가등기를 설정하고, 2018년 5월 15일에 본등기를 설정한다고 가정해 보자. 이 경우 가등기 설정 날짜인 2017년 3월 1일로 본등기가 인정된다.

● **감정인과 감정평가액**

- **감정인**: 법원의 명령을 받아 부동산의 가격을 책정하는 사람으로 '감

정평가사'라고도 부른다.

- **감정평가액:** 감정평가사가 조사한 내용을 바탕으로 책정되며, 보통 현재 시세 대비 80~90%가 감정가로 정해지는 경우가 많다.

● **채권, 채권자, 채무자**

- **채권:** 재산권의 하나로 특정인에게 어떤 행위를 청구할 수 있는 권리를 말한다. 예를 들어 전세 계약이 끝났으니 보증금을 돌려 달라고 청구할 수 있는 권리도 채권 중 하나이다.

- **채권자:** 금전에 대한 받을 권리가 있는 사람 또는 기관(= 돈을 빌려준 사람)

- **채무자:** 금전을 지급해야 할 의무가 있는 사람 또는 기관(= 돈을 빌린 사람)

● **등기 촉탁**

등기는 당사자의 신청에 의하는 것이 원칙이다. 예외적으로 법률 규정이 있는 경우 법원 및 그 밖의 관공서가 등기소에 촉탁하여 등기하는 경우가 있는데, 이를 등기촉탁이라 한다.

● **인도명령**

낙찰을 받고 등기를 할 때 법원에 인도명령을 함께 신청하는데, 인도명령은 말 그대로 부동산을 점유하고 있는 세입자나 전 집주인에게 부동산을 인도하라는 경고장으로 추후에 강제집행을 진행을 할 수 있는 집행권원으로 사용된다. 인도명령은 명도 부분에서 자세하게 설명하겠다.

부동산인도명령신청서

수입인지
1,000원

사건번호 : 20   타경   부동산강제(임의)경매

신 청 인 : ○ ○ ○

    (주소)

피신청인 : ○ ○ ○

    (주소)

신 청 취 지

피신청인은 신청인에게 별지 목록 기재 부동산을 인도하라는 재판을 구합니다.

신 청 이 유

위 사건에 관하여 신청인(매수인)은 20   .   .   . 매각대금을 낸 후 피신청인
(□채무자, □소유자, □부동산 점유자)에게 별지 기재 부동산의 인도를 청구하
였으나 피신청인이 이에 불응하고 있으므로, 민사집행법 제136조 제1항의 규정
에 따른 인도명령을 신청합니다.

20   .   .   .

신청인(매수인)   (서명 또는 날인)

(전화번호 :   )

○○지방법원 (○○지원) 귀중

※ 유의사항
1. 매수인은 매각대금을 낸 뒤 6개월 이내에 채무자·소유자 또는 부동산 점유자에 대하여
   부동산을 매수인에게 인도할 것을 법원에 신청할 수 있습니다.
2. 괄호안 네모(□)에는 피신청인이 해당하는 부분을 모두 표시(☑)하시기 바랍니다(예를 들어
   피신청인이 채무자 겸 소유자인 경우에는 "☑채무자, ☑소유자, □부동산 점유자"로 표
   시하시기 바랍니다).
3. 당사자(신청인+피신청인) 수×3회분의 송달료를 납부하시고, 송달료 납부서(법원제출용)를
   제출하시기 바랍니다.

● **말소기준 권리**

경매물건을 낙찰받을 경우 낙찰자가 낙찰대금 이외에 추가로 인수해야
되는 권리가 있는지 여부를 가리는 기준이 되는 등기를 말한다. 앞으로
공부할 권리분석에 가장 중요한 기준 등기이니 꼭 기억해 놓도록 하자.

→ 말소기준권리가 될 수 있는 권리는 6가지이다.

1) 저당권 2) 근저당권 3) 압류 4) 가압류 5) 담보가등기 6) 강제경매 개시결정등기

● **경매기입등기**

법원이 경매개시 결정을 한 경우 부동산 압류의 효력을 발생시킨다. 제삼자에게 압류 및 경매의 사실을 알리기 위한 등기로 만약 경매기입등기 후 임차인이 전입 및 확정일자를 받는다고 해도 소액임차인 최우선 변제를 받을 수 없다.

● **대항력**

임차인이 주택을 인도받고 전입신고를 하면 그 다음날부터 그 주택의 소유자가 제삼자로 변경되더라도 그 제삼자에 대하여 임차권을 가지고서 대항할 수 있게 된다. 이와 같이 대항할 수 있는 힘을 주택임차인의 대항력이라고 부른다. 다시 말해 임차보증금 전액을 반환받을 때까지 주택임차인이 새로운 매수인에 대하여 집을 비워 줄 필요가 없다는 것을 의미한다. 다만, 대항요건을 갖추기 전에 등기부등본에 선순위의 권리(근저당권, 가압류, 압류 등의 말소기준권리)가 있었다면 주택이 매각된 경우 그 낙찰자에게 대항할 수 없다. 대부분 많은 물건의 권리분석은 임차인과의 권리관계를 따지고 나면 끝나는 물건이 많이 있다. 그래서 앞으로 공부할 권리분석에서 중요한 역할을 하는 단어이니 꼭 기억해 놓도록 하자.

● 매각기일

경매법원이 목적 부동산에 대하여 실제 매각을 실행하는 날로 매각할 시간, 매각할 장소 등과 함께 경매가 시작하는 매각기일 14일 이전에 법원 게시판에 게시한다.

3장

성공의 시작은
좋은 물건
검색부터

실전 사례 - 복마마도
나무에서 떨어진다

자신감 있게 일을 처리하는 것은 좋은 습관이지만, 자신감이 과해지면 눈을 가리게 된다. 경기도 여주시의 빌라를 발견했을 때의 내가 그랬다.

당시 그 지역은 공공청사와 아파트가 들어오기로 예정된, 개발이 진행되고 있는 지역이었다. 그곳에 공사 중인 지하철역 근처에 있는 빌라가 경매로 나온 것이다. 심지어 바로 앞에 초등학교도 위치해 있어서 수요가 많을 수밖에 없는 곳이었다.

권리분석상에도 특이사항이 없었고, 직접 임장하러 방문했을 때에도 건물도 튼튼하고 아주 괜찮아 보였다. 위치도 1층으로 저렴하지만 언제나 수요가 있는 좋은 자리였다. 땅 지분 16평에 전용평수도 15평, 방이 세 개인 꽤 넓은 물건이었고 감정가도 6천만 원 대로 가격도 저렴했다. 무엇보다 호재가 있는 지역이라 앞으로 가치가 있는 물건이었다.

동네는 한적했지만 그 덕분에 오히려 경쟁이 적을 것이다. 이 정도면 파악할 만큼 파악했다는 생각이 들었다. 사람이 적은 동네는 부동산들이 문을 닫고 있을 때가 많다. 모두 닫은 것을 보았지만, 시세도 알고 있고 자잘한 문제는 내가 해결할 수 있었다. 거리낄게 없었기에 당당히 6700만 원에 낙찰을 받았고, 그게 문제의 시작이었다.

잔금을 치르고 명도를 위해 방문했지만, 세입자는 집에 없었다. 폐문부재인 것이다. 쪽지와 함께 명함을 남겼지만 연락은 오지 않았고 결국 내가 법원에서 연락처를 구해다가 전화를 해야 했다.

"안녕하세요, 이번에 경매로 낙찰받은 사람인데 집에 안 계신 것 같아 전화드렸습니다."
"아, 거기… 저는 지금 나와서 다른 데서 살고 있어요."
"네? 다른 데로 가셨다고요?"

등기부상 점유자는 월세로 살고 있는 세입자였다. 그런데 명도확인서도 안 받고 이사를 갔다니?

"거기서 도저히 살 수가 없어 가지고요."

세입자 입에서 나온 말은 충격적이었다. 집에 상수도관이 들어오지 않는다는 것이다. 조사를 할 때 전혀 듣지 못했던 상황이기에 나는 다급해질 수밖에 없었다.

"그 빌라에 상수도가 아예 없다는 뜻인가요?"

"아, 아뇨. 그 집만요. 왜 하필 그런 집을 받으셨대요. 저도 모르고 들어가서 한참을 고생하다 결국 이사했는데…."

빌라 전체에서 그 집만 상수도관이 연결되어 있지 않아 우물에서 나오는 지하수를 양수기로 끌어다 쓰고 있는데, 물은 잘 나오지만 쇳물이 섞여 나오는 더러운 물이었다고 한다. 그래서 고생하다가 집이 경매로 넘어갔다는 말에 포기하고 다른 곳으로 이사했다는 것이다.

다시 그 빌라를 찾아갔다. 저번에 들렀을 때는 발견하지 못한 우물이 눈에 띄었다. 그 위는 커다란 쇠뚜껑으로 덮여 있었는데, 평소라면 폐쇄된 우물이겠거니 했겠지만, 세입자의 말을 듣고 보니 저 우물이 아주 의미심장하게 느껴졌다. 세입자로부터 전해 들은 비밀번호를 누르고 집 안에 들어갔다. 건물은 외관만큼이나 깔끔하고 튼튼해 보였다. 그러나 미묘한 냄새가 느껴졌다.

냄새를 따라가 보니 그 이유가 눈에 보였다. 쇳물이 나온다더니, 물을 쓰는 공간 근처는 모조리 녹이 슬어 있었던 것이다. 싱크대부터 화장실 세면대까지 곳곳에 녹이 슬어 있고 그게 번진 상태로 방치되고 있었다. 이 상태로는 절대 세를 놓을 수 없다. 전 주인은 무슨 생각으로 이 집을 세 놓은 거지?

이제 이 집은 내 것이고, 이런 문제를 더 방치할 수는 없었다. 바로 부동산에 전화했고, 사연을 들을 수 있었다. 원래 이 빌라는 3동 모두 지하수를 사용하는 곳이었다. 그러나 약 10여 년 전, 돼지열사병이 유행을 했고 이 동네 역시 여러 마리의 돼지를 땅에 묻어야 했다.

문제는 그 이후부터 지하수에서 냄새가 나기 시작했다는 것이다. 주민들 모두 땅에 돼지 사체가 있는 것을 알고 있었고 그 이후부터 지하수에서 냄새가 나자, 사체 썩은 물이 섞인 것 아니냐며 물 사용을 꺼리기 시작했다. 지하수의 상태가 점점 안 좋아지자 결국 다같이 지자체에 상수도관 설치를 요청했다. 상수도보호원에 세대마다 30만 원씩 부담하면 모두 상수도관을 설치해 주기로 합의가 되었고, 빌라에 상수도가 들어오기 시작했다.

단, 이 집만 빼고.

다른 세대들은 돈을 내고 상수도를 설치했는데, 이 집만은 나라에서 전액 다 지원해 줘야지 왜 내가 거기다 돈을 내냐며 거부했다는 것이다. 한숨이 나왔다. 결국 본인도 살기 싫으니까 다른 데로 이사 가고 세를 주고, 경매로 처리한 것 아닌가. 그리고 나는 거기에 보기 좋게 넘어간 것이고.

당시 나는 명도에 자신감이 붙어 두려울 게 없는 상황이었다. 그래서 어떤 사람이 나오더라도 문제없이 해결할 수 있고 또 건물의 하자가 아닌 이상 수리와 인테리어에 큰돈을 쓰지 않을 자신도 있었다. 그렇기에 내가 하지 못할 일들은 피했다고 생각하며 인근 부동산에 알아보지 않은 것이다. 호재에 눈이 멀어 꼼꼼하게 임장하지 않은 내 실수였다.

할 수 없이 상수도원에 문의를 넣었다. 이러저러한 사정으로, 새로 상수도관을 설치해야 할 거 같다 하니 그곳에서도 신청자에게 상수도 설치를 해 줄 수 있다고 희망적인 답변을 주었다. 다만, 금액산정결과가 어처구니없었다. 당시에는 지자체 지원금도 있었고 여러 채가 함께 공사했으니 그 가격이 가능했지만, 지금은 한 세대만을 위해 땅을 파고 공사해야 하는 거라 500만 원은 필요하다는 것이다.

그러나 방법이 없었다. 이 집에서 나오는 지하수는 도저히 생활용으로 사용이 불가능했기 때문이다. 결국 500만 원을 주고 공사요청을 하고, 인테리어 업자를 불렀다. 모든 가구에 녹이 슬어 바꿔야 했기 때문이었다. 그 비용만 800만 원이 들었다. 싸게 잘 샀다고 생각했는데, 기본적으로 사람이 살 수 있게 최소한의 수리만 하는 데 이미 1300만 원이 들었다.

그래도 이것만 하고 나면 바로 세를 놓을 수 있을 거라 생각하고 위안을 삼았지만, 수도공사는 당일에 결국 취소됐다. 집에 수도관이 들어오기 위해서는 같은 빌라의 다른 동 건물 앞을 지나야 하는데, 땅을 파는 동안 시끄럽고 아스팔트가 굳는 동안 너무 불편하다며 주민들의 반대로 진행을 하지 못한 것이다.

아니, 자기들은 다 해 놓고 우리만 하지 말라니. 일이 자꾸 안 풀리자 계속해서 스트레스가 쌓이고 탓할 곳을 찾게 되었다. 그러나 이렇게 손 놓고 있는다고 일이 해결되지는 않는다. 억울하고 속상한 마음도 있었지만, 시장에 가서 과일을 한 바구니 샀다. 주민 불만해결을 위해서 반장을 찾아가야 했기 때문이다.

과일바구니를 건네고, 앉아 이야기하며 가볍게 신세한탄을 했다. 어떻게 녹물이 나오는 집에서 살겠느냐, 상수도를 연결해야 하는데 그게 이렇게 어려워서….

"고생하시네요. 제가 도와드릴 수 있으면 좋은데….

반장은 직접 주민들을 설득하겠다며, 빌라 발전을 위해 50만 원을 기부해 달라 요청했다. 성의표시를 해야 자기도 설득하기 쉽다는 것이다.

더 이상의 지출을 늘리기 싫었지만, 그렇다고 이 상태를 방치할 수도 없었다. 부동산 투자에서, 시간은 곧 돈이다. 내가 일일이 찾아다니며 설득하는 것보다 훨씬 빠르고 싸게 해결하는 것이리라. 결국 그 돈을 건네고, 다시 수도국과 공사를 진행했다.

최대한 빠르게 진행하고 싶었지만, 수도국 쪽 스케줄에도 맞춰야했다. 또한 이 공사가 한 번이 아니라 여러 단계를 거쳐서 들어오는 대규모 공사이다 보니, 모든 것이 끝났을 때는 잔금을 치르고 1년이 지난 때였다.

그 사이 지하철은 완공되었고, 공공청사와 아파트들은 공사가 시작되고 있었다. 호재가 그대로이니 매매는 여전히 잘되었지만, 오를 것이 확실한 부동산을 처분할 이유는 없다. 5500만 원에 전세를 놓았고, 현재 가격이 오르기를 기다리는 중이다.

실제 손해를 본 정도의 금액은 아니지만, 내가 좀 더 철저히 임장했다면 쓰지 않았을 돈과 시간으로 내 수익률을 까먹었다는 생각이 들었다. 과한 자신감에 대한 비싼 수업료다.

● **들어간 비용 & 최종 수익률 계산**

소재지	경기도 여주시 능서면 □□□ □□□-□ □□ □□□				대법원바로가기
물건종류	다세대(빌라)	채권자	□□□ □□□□	입찰방법	기일입찰
경매대상	토지 및 건물일괄매각	채무자	□□□□ □□	사건접수일	2015.11.11
토지면적	44.38㎡(13.42평)	소유자	□□□□ □□	개시결정일	2015.11.19
건물면적	54.48㎡(16.48평)	감정가	60,000,000	배당종기일	2016.02.22
경매종류	부동산강제경매	최저가	(100%)60,000,000원	말소기준권리	1991.12.13
청구금액	35,000,000원	입찰보증금	(10%)6,000,000원	입찰일	2016.06.22(수) 10:00

물건사진

접수일	구분	일자
1일	사건접수일	2015.11.11
9일	개시결정일	2015.11.19
104일	배당종기일	2016.02.22
225일	최초경매일	2016.06.22

접수일	회차	입찰기일	최저가	비율	상태
224일	1	2016-06-22	60,000,000	100%	매각
매각		매각가 67,687,999 (113%)			

● 들어간 비용

낙찰가	6769만 원
취등록세	88만 원
상수도 공사 비용	550만 원
인테리어 비용	800만 원
총 지출	8207만 원
경락잔금대출	5500만 원(80%)
전세	5000만 원
실투자금	0원(+2293만 원 현금 확보)

● 매매 후 수익

이자	60개월 × 18만 원 = 1080만 원
시세차익	9000만 원 - 8207만 원 = 973만 원
총 매매수익	973만 원 - 1080만 원 = 107만 원 손실

경매 물건 검색하는 방법

(1) 매일옥션 사이트에 접속

포털사이트에서 매일옥션을 검색하여 홈페이지에 접속한다.

인터넷 사이트: https://www.maeilauction.co.kr/

(2) 무료 회원가입

매일옥션에서는 기본적인 경매 정보 뿐만 아니라, 주민센터를 통해 발급받아야 확인가능한 등기부등본까지 합리적인 가격으로 손쉽게 확인할 수 있다. 또한 가입 즉시 일주일간의 무료 이용기간을 제공해서, 부담없이 원하는 경매정보를 확인할 수 있다.

(3) 경매검색 방법

매일옥션에서는 여러 가지 검색 방법을 제공하고 있다.

왼쪽 상단의 '경매물건 검색'을 클릭하면 여러 가지 경매물건 검색 방법
이 나온다.

　　　　　　　　　　　부동산 경매 2천만 원으로 복마마 따라잡기

다음과 같이 매일옥션에서는 9가지의 경매물건 검색 방법을 제시하고 있다. 그중에서 가장 많이 사용하게 될 **종합검색**에 대해 알아보자.

● 종합검색 방법

우선, 종합검색을 클릭하여 상세페이지로 들어간다. 종합검색에서는 지역별로 금액별로 검색이 가능하고 법원별로 물건의 종류별로도 검색이 가능하다.

① 소재지 입력: 내가 원하는 지역으로 물건검색 범위를 줄인다. 줄이는 범위는 도, 시/군/구까지로 추천한다. 경매는 부동산 매물처럼 내가 원하는 읍/면/동까지 검색을 하면 물건이 없을 가능성이 많다. 그래서 좀 더 넓은 범위로 검색을 시작해서 점차 범위를 좁혀 가는 것이 좋다.

② 감정가 입력: 내가 가지고 있는 현금과 대출가능 금액을 확인하여 도

　　　　　　　　　　　　　　　　　　　부동산 경매 2천만 원으로 복마마 따라잡기

전할 수 있는 물건으로 감정가 금액을 제한한다.

③ 부동산 종류 선택: 사고 싶은 부동산이 사람들마다 전부 다를 것이다. 내가 아파트를 원한다면 아파트를, 토지를 원한다면 토지만 선택하여 찾는다면 시간과 노력을 줄일 수 있다.

④ 1~3번의 과정을 잘 선택하고, 4번의 검색하기를 클릭하면 내가 관심 있는 물건만 쏙쏙 골라 빠르게 물건 검색이 가능하다.

좋은 물건 고르는 방법

이번 챕터에서 말하는 좋은 물건은 부동산을 투자의 관점에서 바라볼 때 수익이 날 수 있는 물건을 말한다. 부동산을 주택, 상가, 토지 세 가지로 나누어 생각해 보자. 그리고 각각의 부동산에 대해 시세를 알아볼 수 있는 방법에 대해서도 알아보자.

(1) 주택

주택은 정부의 규제가 점점 더 심해지는 상황 속에서 큰 수익을 내기가 쉽지가 않다. 어떻게 보면 무주택자의 경우 청약 가점이 높다면 청약을 추천한다. 그러나 청약은 운에 맡겨야 하는 부분이 있기 때문에 이마저도 쉽지가 않다. 특수권리가 있는 물건을 들어가서 큰 수익을 낼 수는 있지만, 초보자 입장에서 잘못 접근했다가는 오히려 큰 손해를 입는 경우가 발생하기도 한다.

시기에 따라서 부동산의 거품이 많이 끼어 있어서 큰 수익을 기대하기 어려운 경우도 있다. 이런 상황에서도 수익을 낼 수 있는 방법은 오로지 경매밖에 없을 것이다. 그럼 지금부터 좋은 주택을 고르는 방법에 대해 알아보겠다.

① 공급과 가격 변화를 체크하자

투자지역을 선정할 때, 주택 공급량이 적어지는 시점을 공략하자. 즉, 공급이 많았다가 적어질 때를 노려야 공급이 부족하므로 부동산 가격 또한 당연히 올라갈 수밖에 없다.

② 수요를 파악하자

1) 일자리 - 주택 수요에서 가장 많은 비중을 차지하는 것이 일자리이
   다. 모든 사람들은 자신의 회사와 가까운 곳을 선호한다. 통근시간이
   길어지면 삶의 질도 떨어지기 때문이다. 그러므로 대규모 일자리가
   형성될 수 있는 곳에 투자하면 큰 수익을 낼 수 있다. 예를 들어 삼성
   전자가 새로 들어간 평택의 고덕 신도시나, SK하이닉스가 들어갈 예
   정인 용인의 처인구 쪽에 투자했었다면 큰 수익을 봤을 것이다. 따라
   서 대기업이 들어오거나 산업단지가 형성될 지역을 관심을 갖고 지
   켜보는 습관을 들이면 자연스럽게 좋은 투자 지역을 선정하는 힘이
   생길 것이다.

2) 교통 - 교통 또한 일자리와 연계된다. 자신의 회사와 조금 멀리 떨어
   져 있더라도 교통이 발달한 지역은 그만큼 통근시간이 줄어들기 때
   문에 집값이 올라가게 된다. 근처에 고속도로가 생긴다거나 지하철

역이 들어와서 역세권이 된다면 예전에는 직장과 멀어서 갈 수 없었던 지역이 살 수 있는 곳이 되기 때문이다.

3) 학군 - 전 세계 어디를 가더라도 우리나라의 교육열을 따라올 수는 없다. 그러므로 학군은 집을 선택하는 데 있어서 가장 중요한 키워드다. 특히 맞벌이 부부가 늘어나면서 아이들을 안심하고 학교에 보낼 수 있는 학군이 좋은 지역이 인기가 많다.

4) 인프라 - 대형 백화점이나 대형마트, 대형병원 등이 가까울수록 좋은 인프라를 형성했다고 볼 수 있다. 생활편의시설은 많을수록 좋고 맛집들이 모여 있는 상권이 잘 형성된 곳일수록 좋다. 반대로 유흥시설이 많다면 그만큼 주택으로서의 가치는 떨어질 것이다.

5) 자연환경 - 일산의 호수공원, 분당의 중앙공원과 율동공원 등 자연환경은 빡빡한 도시에 한줄기 빛과도 같다. 특히 우리나라가 경제가 좋아지고 선진국에 들어가면서 삶의 여유가 생기고 워라벨을 중시하는 문화가 커지고 있다. 삶의 여유와 휴식을 주는 자연환경 또한 중요한 입지 중의 하나이다.

일반적으로 해당 지역의 가장 비싼 아파트가 위의 다섯 가지를 모두 갖췄다고 볼 수 있고, 그 아파트를 기준으로 인근 지역의 주택 가격이 책정된다. 따라서 지역마다 차이는 있겠지만 사람들이 가장 선호하는 위의 다섯 가지를 기준으로 집을 고른다면 실패 없는 투자를 할 수 있을 것이다.

(2) 상가

상가투자는 주택에 투자하는 것에 비해서 신중을 기해야 한다. 상가는 주택에 비해 수요와 공급이 자주 바뀌기 때문이다. 잘못 투자했다가는 우리가 경매로 산 물건이 다시 경매로 나올 수도 있다. 금액이 조금 비싸더라도 반드시 중심지에 있는 상가에 투자해야 되며 혹여나 임차인이 구해지지 않았을 때 내가 운용을 할 수 있는 Plan B도 함께 가지고 있어야 한다. 중심상권이거나 우량한 임차인이 들어 있는 상가라면 과감하게 투자해도 좋다. 지금부터 상가 투자에 대해 알아보자.

복마마 TIP 🔍

든든한 노후를 위한 상가 낙찰

누구나 상가임대를 통해서 안정적으로 월세를 받으면서 아름다운 노후를 꿈꾼다. 특히, 은퇴를 앞두고 있는 베이비붐 세대에게는 더욱더 절실하게 다가올 것이다. 그러나 무턱대고 상가에 투자하게 되면 공실로 인해 더 큰 손해를 볼 수 있으니 풍부한 배후세대와 중심상권에 투자하는 것이 가장 중요하다. 지금부터 상가경매의 핵심노하우를 공개할 예정이니, 주의 깊게 읽어 보고 투자에 참고하기 바란다.

① 임대 시세 조사 방법

→ 네이버 부동산을 활용해 보자.

내가 살고 있는 지역뿐만 아니라 그 외 지역 또한 상가의 시세가 얼마가 되는지, 평소 상가에 관심을 갖지 않았다면 알 수가 없다. 그럴 때 상가의 시세를 조사하는 가장 쉬운 방법은 네이버 부동산을 이용하는 것이다.

사건번호 2020타경8243, 경기도 성남시에 구분상가로 나온 상가에 대해 시세 조사를 해 보자. 매일옥션을 통해 물건을 확인할 수 있다. 법원 조사에 의하면 현재 영어 학원으로 운영되고 있고, 보증금 1천만 원에 월세 130만 원으로 평당 월세 가격은 54,000원에 형성되어 있다.

네이버 부동산에 들어가서 내가 입찰하고자 하는 물건의 주소지를 입력하면 근처의 상가가 나온다. 아래 화면에 보이는 것처럼 '상가·업무·공장·토지'를 선택하고, 그 아래에 상가와 사무실만 체크해 준다. 그리고 거래방식을 '월세'로 체크해 주면 우리가 원하는 정보만 선택할 수 있다.

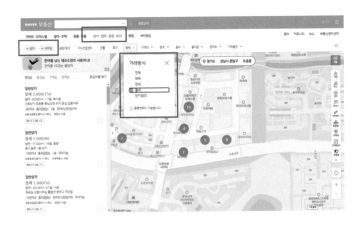

같은 라인의 옆 건물에 **7번 물건**을 보면 똑같은 2층 상가가 보증금 1천만 원에 월세 60만 원으로 나와 있다. 평당 가격을 계산해 보면 평당 4만 원으로 계산이 된다.

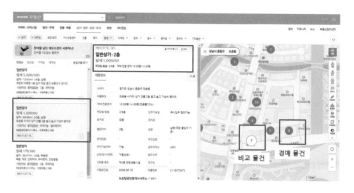

*참고: 전용 면적= 실사용 면적, 계약 면적= 실사용 면적 + 공용 부분(화장실, 복도, 주차장 등)

하나를 더 비교해 보자. 해당 비교 물건인 **4번 물건**의 경우 다른 상가에 비해 전용률이 월등히 높다. 전용률이 높다는 말은 다른 상가보다 주차장도 넓고, 공용으로 사용할 수 있는 면적이 넓다는 말이다. 이런 경우 상가의 고객들이 건물을 이용하기 편한 반면, 관리비는 많이 나올 수 있는 단점이 있다. 역시 같은 2층 상가의 평당 월세를 계산해 보니 다소 높은 66,000원이 나왔다.

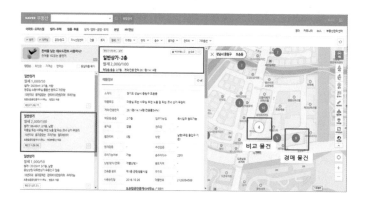

따라서 경매에 나온 해당 물건은 현재의 월세를 충분히 받을 수 있을 걸로 예상되며, 월세 가격을 참고로 하여 내가 받고 싶은 월세 수익률을 계산하여 낙찰을 받으면 된다. 지역마다 물건마다 차이는 있겠지만 최소 수익률이 5% 이상은 되어야 괜찮은 물건이라고 할 수 있다.

② 낙찰받은 상가를 누가 이용할 것인가?

지역마다 차이는 있겠지만 일반적으로 배후세대가 1,000세대 이상 있으면 운영해 볼 만한 좋은 상가라고 생각한다. 배후 세대 조사는 네이버 지도로 쉽게 확인할 수 있다.

위에서 본 성남시의 상가를 예로 설명해 보겠다. 우선 해당지역은 근처의 중심지인 야탑역으로부터 조금 떨어져 있다. 초·중학교를 포함한 도심에 위치하여 해당 지역 중심 상업지에서 대부분의 편의시설 이용이 가능하다. 해당 상업지구를 둘러싸고 있는 세대가 2,500세대 정도 되고 조금 떨어져 있지만 해당 상업지구를 이용해야 하는 세대가 2,000세대 정도 된다. 이 정도 배후세대면 충분한 배후세대를 갖춘 상업지구라 할 수 있다.

　　그러면 도촌동의 상업지구 중에서 사람들이 가장 많이 이용할 중심 상권은 어디가 되는지 조사해 보자. 사람들의 동선에 가까울수록 이용가치가 커지고 상가가 잘될 수밖에 없다. 외식을 하거나 마트에 갈 때 가까운 곳을 찾지 않는가?

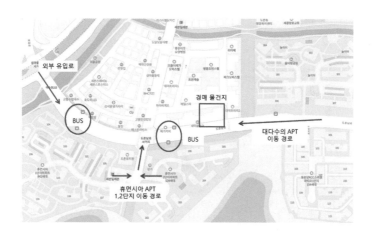

해당 지역은 지하철이 들어오지 않았다. 따라서 이용할 수 있는 대중교통은 버스밖에 없다. 버스를 타고 내리는 정류장에는 사람들이 모일 수밖에 없다. 버스정류장이 있는 도촌남로는 메인상가가 될 수밖에 없고, 외부에 일이나 업무를 보고 오는 사람들도 도촌남로를 이용할 수밖에 없다. 그리고 상가지구와 붙어 있는 휴먼시아 1, 2단지 아파트의 주민들도 도촌남로를 넘어올 수밖에 없고, 다른 아파트들도 도촌남로를 통해 상업지구에 올 수밖에 없다. 종합해 보면 도촌남로 사거리 옆에 있는 상가들이 메인 상권이라고 볼 수 있고 경매가 나온 물건 또한 도촌남로에 위치하여 나쁘지 않은 물건이라고 볼 수 있다.

③ 내가 잘 모르는 지역은 네이버 거리뷰를 활용하라

네이버에서는 현재뿐만 아니라 과거의 거리뷰 데이터도 1년 단위로 보여 주고 있다. 이를 통해서 과거에도 공실이었는지, 공실이었다면 기간은 얼마나 됐는지 등을 파악해서 매수 후 공실이 되는 것을 피해야 한다.

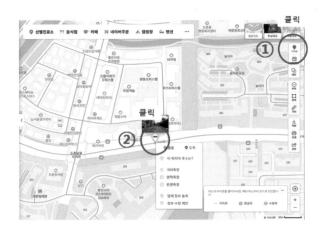

오른쪽 위에 거리뷰를 클릭하고 내가 보고자하는 곳을 클릭하면 해당 지역의 거리뷰가 나온다.

2021년 7월에 촬영된 사진은 대부분의 상가가 영업을 하고 있고 우리가 경매에 들어갈 물건도 영어 학원으로 운영 중이다. 이제 3년 전, 5년 전의 사진을 비교해 보자.

2018년 4월에 촬영된 영상을 보면 큰 공실 없이 잘 운영된 걸로 보인다.

5년 전인 2016년에는 영어학원이 아닌 헤어숍이 들어와 있는 걸로 보인다. 또한 다른 상가들도 공실 없이 잘 운영된 걸로 보인다. 이렇게 과거의 사진을 보고 그동안 상가가 공실 없이 잘 운영되어 왔는지 확인을 할 수 있다.

④ 상가 투자, 종합 SUMMARY

상가 투자에 대한 이야기를 마무리하며, 다시 한번 강조하고 싶은 말은 대출을 두려워하지 말라는 것이다. 내 자본이 조금 들어가면 들어갈수록 수익률은 극대화된다. 경매 투자를 할 때 대출을 받는 것을 빚을 낸다고 생각하는 분들을 많이 만났다. 하지만 다른 투자와는 다르게 부동산 투자는 안전하다. 대출을 받아서 주식을 사면 큰 위험 부담이 있지만, 대출을 받아서 부동산을 사는 건 안전하다. 부동산은 사라지거나 도망가지 않기 때문이다. 따라서 레버리지를 잘 활용하여, 수익을 극대화했으면 좋겠다. 또한 경매 초보, 부동산 초보들에게는 내가 잘 아는 우리 동네 상가부터 투자하기를 권한다. 잘 모르는 지역은 변수가 많다. 또한 살고 있는 지역과 너무 멀리 떨어져 있으면 관리가 불편하다. 마지막으로 위에서 설명한 손품 말고 발품을 팔아서 현장에 꼭 가 보기를 권장한다. 하루 정도 시간을 내서 아침, 점심, 저녁의 사람들의 유동성과 동선을 파악하자. 주변 음식점에서 점심을 한 끼 사 먹으면서 주인에게도 상권에 대한 소개를 듣기 바란다.

(3) 토지

서울은 말할 것도 없이 경기북부와 경기남부, 충남과 충북까지 도로와 교통망이 발달하면서 개발호재가 있는 지역은 큰 폭으로 토지가격이 상승하였다. 추후 GTX 노선 개발, 지하철 노선 확대 등으로 충청 지방까지 수도권 생활권으로 높은 지가상승이 예상된다. 그럼 지금부터 좋은 토지를 사는 법에 대해 알아보도록 하자.

1. 밸류맵으로 가격 확인(https://www.valueupmap.com/)

토지에 대한 시세 조사는 밸류맵이 나오기 전과 후로 나뉜다는 말이 있는 것처럼 많은 부동산 투자자들이 밸류맵을 사용하고 있다. 밸류맵이 나오기 전에는 우리가 시세를 파악하기 위해서 토지 인근의 부동산을 여러 군데 돌아다니면서 시세를 파악해야 했었다. 그마저도 부동산에서 외지인인 걸 파악하면 높은 시세를 불러서 시세를 파악하는 데 어려움을 겪곤 했다. 그러나 밸류맵이 나온 후로는 굳이 부동산에 물어봐서 토지시세를 파악할 필요가 없어졌다. 단지 부동산은 매물이 많고 적음을 판단할 뿐, 대세에 큰 영향을 미치지 않는다.

그럼 이제 밸류맵에 대해서 알아보자. 밸류맵은 컴퓨터 홈페이지뿐만 아니라 휴대폰 앱으로도 제공하니 급할 때는 휴대폰으로도 시세를 파악해 보자. 밸류맵은 과거부터 현재까지 거래된 시세를 모두 공개하니 해당 지역의 지가 상승추이를 확인하는 데도 용이하다.

2. 건축이 불가능한 토지에는 투자하지 말자!

일반적으로 우리가 말하는 **개발제한 구역**, 즉 **그린벨트 지역**은 투자를 권하지 않는다. 물론 내 자손에게 물려줄 생각으로 토지를 구매하는 것이라면 찬성한다. 토지는 오래 묵히면 묵힐수록 큰 시세차익을 볼 수 있다. 또한 **군사제한 구역**이나 **문화제 보호 규제지역** 등은 투자하지 말자.

우리가 투자를 하기 전 잘 모르는 지역이라면 반드시 해당 지역을 관리하는 지자체의 관리자에게 확인을 해 보자. 해당 지역에 건축은 가능한지, 가능하다면 건폐율은 얼마에 몇 층까지 올릴 수 있는지 등을 꼼꼼히 살펴보자. 가장 자세히 알아볼 수 있는 방법은 해당지역 근처의 건축사무소에 물어보는 것이다.

3. 맹지투자는 될 수 있으면 피하자!

맹지는 토지에 길이 붙어 있지 않는 토지를 말한다. 기본적으로 토지는 **2m 이상 도로에 접해 있어야** 지자체에서 건축 허가를 내준다. 따라서 될 수 있으면 맹지에 투자하지 말자. 그러나 맹지가 많이 유찰되어 저렴한 가격이 된다면 한번쯤 길을 낼 수 있는 방법을 생각해 보고, 길을 낼 수 있다고 하면 저렴한 금액으로 투자해 보는 것도 괜찮다. 물론 반드시 맹지 탈출을 시켜야 한다.

4. 축사, 묘지, 철탑, 쓰레기매립장, 발전소 근처의 토지는 피하자!

당연한 이야기다. 축사, 쓰레기매립장이 있으면 심한 악취를 풍겨 사람이 살기 적당하지 않고, 철탑의 경우도 개발하기가 쉽지 않다. 단 묘지의 경우 얘기가 좀 다르다. 우리나라는 예로부터 조상을 숭배하고 귀하게 여기는 관습이 있어서 다른 사람의 묘지가 내 땅 위에 있더라도 쉽게 없애거나 이장을 요청할 수 없다. 그러나 관리가 되지 않고 있는 묘지의 경우 일정한 절차를 밟아서 없앨 수 있다.

5. 경매초보라면 지분투자는 피하자!

토지의 경우 부모로부터 물려받은 경우가 많다. 또는 친한 지인, 친척들과도 함께 토지를 사곤 한다. 그래서 그런 토지들이 경매로 나오면 지분으로 나오는 경우가 많다. 지분권자 중에 한 명이 빚을 갚지 못해서 그 사람의 지분만 경매에 나오는 것이다. 이런 지분 경매물건은 많이 유찰되는 경우가 많다. 그래서 경매 초보자들은 지분경매라는 것을 보지 못하고 많이 떨어졌는데, 좋은 토지라는 이유로 무턱대고 경매에 입찰하여 낙찰을 받곤 한다. 그러나 그런 지분물건을 받고 나서 내가 할 수 있는 것은 많지 않다. 낙찰된 토지에 건물을 짓거나 활용할 때 다른 지분권자의 동의를 얻어야 하기 때문이다.

6. 정부규제가 많아진 농지 말고 임야 투자에 집중하자!

농지에 대한 정부의 규제가 강화되면서 농지에 투자하기 더욱 까다롭고 농지를 취득하고 나서도 농사를 짓는지 감시 또한 더욱 엄격하게 됐다. 그래서 강화된 농지법을 피해 임야에 투자하는 것을 고려해 보는 것도 좋다.

하지만 아무 임야나 투자해서는 안 된다. 가장 중요한 것은 임야의 경사도이다. 기본 기울기가 25도 이하로 된 토지가 개발하기도 쉽고 개발될 가능성도 높다. 따라서 개발이 가능한 낮은 경사도의 토지를 고르고, 임야 또한 비교적 넓은 범위의 건축이 가능한 **계획관리지역**이 가장 좋고, **보전산지**보다는 **준보전 산지**를 선택하는 것이 좋다. 그리고 임야에 자생하는 수목이나 임목 또한 고려하여 임야를 선택하는 것이 좋다.

7. 도로보다 깊이 꺼진 토지는 피하자!

도로가 옆에 붙어 있는 맹지가 아닌 토지라고 해도 도로보다 깊이 꺼진 토지는 일반적으로 성토(흙을 쌓아서 도로와 높이를 맞추는 것) 후 건축을 한다. 보통 약 100평의 토지를 성토하는 비용이 1천만 원 정도 발생한다. 그래서 깊이 꺼진 토지는 될 수 있으면 피하고, 만약 합리적인 금액으로 경매에 나왔다면 성토비용을 함께 계산해서 입찰에 들어가는 것이 좋다.

4장

권리분석
타파하기
I

실전 사례 - 사라진 집주인

    한파가 몰아치는 겨울 늦은 오후였다. 소액으로 투자할 만한 경매 물건을 찾기 위해 컴퓨터를 붙들고 있기를 몇 시간, 눈에 띈 물건이 하나 있었다. 남양주의 현대아파트가 3천 5백만 원에 나온 것이다. 당시 감정가는 7000만 원으로 여러 번 유찰이 돼서 반도 안 되는 가격까지 떨어진 것이었다.

    보통 이 정도로 유찰이 많이 된다면 이유가 있기 마련이다. 올라온 정보들을 살펴본 결과, 하자가 있는 물건은 아니었다. 세입자가 아닌 주인이 살고 있었고, 빚도 5천만 원이 조금 넘는 소액으로 낙찰자가 신경 쓸 만한 것이 아니었다.

    일반적으로 물건 가치에 비해 빚이 적은 경우, 경매가 취하될 가능성이 높다 보니 굳이 입찰하지 않았을 수도 있다. 하지만 뭐든지 확인해 봐야 하는 법. 직접 그 집을 찾아가 봤다.

지은 지 30년이 됐다지만 꽤 깔끔한 외관에 버스정류장 하고도 가까워서 좋아하는 사람들이 많을 법했다. 단점이라면, 엘리베이터가 없는 빌라형 아파트라는 점이지만, 해당 물건은 4층으로 너무 높지도 않고 계단도 가파르지 않아 부담이 없을 법했다.

위치와 건물을 보았으면, 주변 환경이다. 아파트에 속해 있는 땅을 살펴보니 평수가 넓어서 주차하는 데는 아무 문제가 없었다. 실제로 저녁에 방문했는데도 곳곳에 빈 주차장이 보였다. 경비원이 분리수거까지 확인하는 모습을 보니 꽤 살기 편한 곳이겠다 싶었다.

건물 자체에도 아무런 하자가 없는 듯했다. 임장을 마치고 올라오면서 근처 부동산에 전화를 했다.

"네, ○○부동산입니다."
"안녕하세요. 저 ▲▲아파트 ■동에 거주하는 사람인데요. 이사 갈 일이 생겨서요. 16평짜리인데 집을 내놓게 되면 얼마 정도 하나요?"

인기 있는 물건 주변의 부동산은 경매하는 사람들을 싫어하는 경우가 많다. 대부분 들어와서 간단한 질문만 몇 가지 하고 가는, 소위 시간만 뺏고 돈은 안 되는 고객이기 때문이다.

전화로 물어보면 시간도 많이 안 뺏을뿐더러 실제 고객이라 생각해서 중개사들의 진솔한 대답을 들을 수 있어서 방문보다는 전화를 선호하는 편이다.

"지금 16평이면⋯."

"아 그래요? 그러면 생각을 좀 해 보고 연락드릴게요. 혹시 전세는 얼마 정도에 놓을 수 있을까요?"

"전세는 5천만 원 정도 생각하셔야 할 겁니다."

"감사합니다. 나중에 연락드릴게요~"

모든 조사는 끝났다. 물건에 하자도 없고, 가격도 좋다. 만족스러운 결과였고, 바로 입찰하기로 결정했다.

워낙에 싸게 나온 물건이라 단독 입찰을 할 거라는 생각은 하지 않았다. 그러나 생각보다도 사람이 많았다. 내가 보고 온 물건에만 38명이 몰렸다. 높은 경쟁률에 마음이 조금 무거워졌다. 나중에 알고 보니 경기권에 저렴한 아파트가 나오지 않은 상황이라 몰릴 수밖에 없는 시기였다.

낙찰자로 내 이름이 호명됐다. 이어서 5621만 원이라는 금액이 들리자 옆에서 혀 차는 소리가 들렸다. 이유는 곧 알 수 있었다. 2등이 적은 금액은 5570만 원. 50만 원 차이로 떨어진 거다.

어차피 내가 내는 돈은 그대로지만 2등하고 금액 차이가 적으면 더 기분이 좋다. 알뜰하게 산 기분이라 괜스레 뿌듯하기까지 하다.

당시는 이율이 5% 가까이 되었지만, 부동산 대출규제가 심하지 않은 시기였다. 굳이 모든 돈을 현금으로 계산할 이유가 없었기에 80%는 대출을 이용해서 실제로 들어간 돈은 1000만 원 조금 넘는 정도다.

명도를 하기 위해 법원에서 받은 연락처로 전화를 몇 번이나 드렸지만 전화기가 꺼져 있다는 소리만 들렸다. 이런 경우에는 어쩔 수 없이 당일 방문을 해야 한다.

낮에 한 번, 다음에는 저녁에 한 번 방문했지만 불도 꺼져 있고 아무도 없었다. 뭔가 이상했다. 바로 아파트 경비사무소로 향했다.

"안녕하세요, 이번에 ■동 ●●호 낙찰받은 사람입니다."
"아, 네. 안녕하세요."
"거주하시던 주인분 뵈려고 찾아왔는데, 집이 비어 있더라고요. 혹시 이사갔나요?"
"아 그분… 요즘은 뵌 적이 없는데. 아마 기도원에 가셨을 겁니다."
"기도원이요?"
"네. 주기적으로 가시는 거 같더라고요. 잘 안 보인다 싶으면 기도원에 가신 거예요."

답답한 일이다. 나는 어서 집주인을 만나 명도를 잘 끝내야 하는데 언제 연락이 가능할지도 모르는 기도원이라니. 물론 강제집행을 하면 되지만, 그보다 집주인을 만나 대화로 푸는 것이 기분도 좋고 속도도 빠르다.

"혹시 그 기도원이 어디인지 아시나요?"
"저는 그거까지는 모르겠고….”
"아시는 분을 소개해 주서도 괜찮습니다."
"저 부동산 사장님들이 아시려나 모르겠네."

하긴, 보통 경비원과 다니는 기도원까지 공유하지는 않는다. 목마른 사람이 우물판다고, 바로 부동산을 찾아갔다.

"안녕하세요, ▲▲아파트 경매 낙찰받은 사람인데요."
"아, 네. 어쩐 일로 오셨나?"

부동산에서도 그분에 대한 현재 소식은 들을 수 없었다. 다만 원래도 교회와 기도원을 잘 다니시는 분이라고만 알고 있었다.

"경매 넘어가고 그러니까 마음이 힘들어서 기도원을 가셨나 보다. 그분이. 기도원은 어딘지 모르겠지만, 저 아파트 바로 옆에 교회가 하나 있거든요. 거기를 다니셨으니까 교회 목사님이 알지 않을까요?"

바로 교회로 향했지만, 워낙 작은 교회여서 평일 낮에는 비어 있는 모양이었다. 그렇다고 그냥 갈 수는 없어 이리저리 기웃거려 보니 벽에 목사님 연락처가 붙어 있었다.

"그러고 보니 이번 달 초부터 새벽예배를 안 나오시더라고요."

"새벽예배요?"

"네, 원래 기도원 갈 때 외에는 새벽예배에 항상 나오시거든요."

아쉽게도 목사님 또한 다니는 기도원 이름도 현재 근황도 알지 못했다. 추리소설에 나오는 탐정이 된 기분이었다. 근처를 돌며 수소문했지만 새로운 정보는 얻지 못했다. 최근에 집주인을 본 사람은 아무도 없었다.

달이 바뀌어도 집주인은 연락이 되지 않았고, 결국 법원에 강제집행 신청을 할 수밖에 없었다.

집행신청을 한 것이 3월경이었는데, 집행관과 방문한 것은 5월이었다. 서로의 시간을 맞춰 내려가야 하다 보니 일정이 많이 미뤄진 것이다.

그 시간 동안 틈틈이 수소문을 했으나 동네 누구도 집주인을 목격한 적이 없었다. 싸한 느낌이 들었지만, 그렇다고 명도를 포기할 수도 없었다. 역시나 그날도 집은 비어 있었고, 강제로 개문하기로 했다.

"어, 이거 안 되는데요."

"안 되다뇨?"

"문이 안에서 잠겨 있어요. 밖에서 열쇠로 잠근 게 아니라, 열쇠 없이 안에서 걸쇠로 잠근 듯합니다. 이러면 제가 문을 딸 수는 없고, 문을 아예 부숴서 들어가야 합니다."

순간 소름이 끼쳤다. 몇 달째 아무도 본 적 없는 집주인, 그리고 집 안에서 잠긴 문. 안에 사람이 있었다고?

나도 모르게 문 앞으로 다가가 천천히 숨을 들이쉬었다. 긴장했는지 숨도 잘 쉬어지지 않아 몇 차례 다시 들이켠 뒤에야 안도의 한숨이 터져 나왔다. 드문 일이지만 문을 닫을 때, 무언가의 진동으로 우연히 그렇게 잠겼을 수도 있겠다 싶었다.

"그러시면 낙찰자님. 다음에 다시 날짜를 잡아서 올 테니, 오늘은 그냥 돌아가셔야겠습니다."

결국 그날도 별다른 소득 없이 돌아가야 했다. 이 집에만 매달리기에는 할 일이 많았다.

그렇게 지내다 문득, 그 집이 다시 떠올랐다. 6월 초, 장마가 시작되는 시기였다. 창 밖에는 비가 내리고 있었고 습한 기운에 옷이 몸에 달라붙어 짜증이 나는 도중 아무 이유 없이 그 집에 다시 한번 가 봐야겠다는 생각이 들었다.

집행관과의 날짜는 아직 안 잡혔기에 이번에는 혼자 방문을 했다. 그런데 이날은 무언가 달랐다. 아파트 입구로 들어서자 청국장을 끓이는 냄새가 코를 찔렀다. 아파트 전체에 냄새가 밸 것처럼 강한 냄새여서, 이 무더운 날에 누가 청국장을 끓이나 짜증 반, 감탄 반을 내뱉으며 낙찰받은 집으로 향했다.

1층에 들어서는데 냄새는 더욱 강해졌다. 저 계단을 올라가면 안 될 것 같아 다른 집으로 발을 돌렸다. 101호 현관 앞에서 냄새를 맡아 보았지만, 여기서 나는 냄새는 아니었다. 102호, 201호, 301호 모두 문틈으로 나오는 냄새는 없었다.

이제 다음은 4층이다. 내가 받은 그 집 앞으로 다가갔다. 점점 냄새가 진해지고 있었다. 굳이 냄새를 맡지 않아도 알 수 있었다. 청국장 냄새는 여기서 시작됐다. 가까이 다가가자 소름이 끼칠 정도로 강한 냄새가 맡아졌다.

'아, 여기서 사람이 죽었나 보다.'
몇 분간 멍하니 서 있다가 경찰에 신고를 했다. 경찰이 오는 데는 10분도 채 걸리지 않았다.

"이거 느낌이 안 좋네요."

아파트 입구에서부터 경찰관들의 표정이 굳었다. 역시 문은 안에서 잠겨 있어 열 수 없었고, 119를 불러 철문을 뜯어내야 했다. 집주인은 안방에 있었다. 칼로 자기 배를 찌른 채였다.

내가 명도를 위해 첫 방문을 했을 때부터 아마 저곳에 있었을 것이다. 그동안은 춥고 건조한 날씨에 냄새가 퍼지지 않다가 장마가 오면서 냄새가 퍼진 듯했다.

정확한 사인을 알아야 한다며 흰 가운을 입은 과학수사대가 방문하여 시신을 수습했고, 나는 그 집에 있고 싶지 않아 밖으로 나왔다.

방도 수습해야 하고, 문도 다시 달아야 하는데 눈앞에서 시체를 보니 머리가 아찔했다. 반값에 좋은 물건을 받아 좋아했었는데 생각지도 못한 상황을 마주하게 되니 막막함에 아무 생각도 들지 않았다.

"경매받은 분이신가?"

옆집에서 할머니 한 분이 나오셨다.

"네, 안녕하세요."
"아이고. 이 집이 경매가 넘어갔다는 이야기는 들어서 어느 날부터 안 보여도 그러려니 했었는데."

시신은 이미 떠난 상태이지만, 분위기로 이미 상황을 눈치채신 듯 했다. 차마 입이 떨어지지 않아 짧은 대답만을 반복했다.

"내가 어느 날부터 그냥 느낌이 너무 안 좋아서, 찝찝했는데 냄새가 나더라고. 그래서 관리소장한테 갔는데 주인이 바뀌었다고만 하고 연락처도 안 알려 줘서 내가 말을 못했어요. 이걸 어디다 말할 데도 없고, 혼자 사는데 너무 무섭더라고. 세상에 이렇게 문 열고 수습해 줘서 고마워요, 정말."

어느새 할머니의 눈에 눈물이 고였다. 들어오며 냄새만 맡은 나도 이렇게 무서웠는데 그 옆집에서 먹고 자며 생활하던 할머니는 어떤 기분이었을까. 괜스레 눈시울이 붉어져 손을 맞잡아드렸다.

한참을 함께 울고 나니 정신이 맑아졌다. 할머니와의 이야기가 끝나니 다시 현실이 보였다. 사람이 죽은 방, 시체에 붙어 살던 벌레들이 그대로 있는 방. 나는 무서워서 들어가 청소를 할 자신이 없었고, 평소 부르던 파출업체에서도 하지 않을 것이 분명했다.

막막해도 별수 있나, 인터넷으로도 전화로도 할 수 있는 방법을 찾아내야지. 다행히 살인사건이나 자살이 일어난 곳을 청소해 주는 특수청소업체가 존재했다. 꽤 여러 곳이 있어서 견적을 내 보니 가격 차이가 컸다. 그중에 저렴한 곳으로 선정해서 계약을 했다.

업체가 들어와 청소를 하면 유품도 정리를 해 주고, 시체 냄새가 배어 있는 싱크대 같은 가구와 벽지도 모두 떼서 버려야 한다고 했다. 유품을 내가 마음대로 처분해도 될까? 낙찰은 집에 대해서만 소유권을 취득한 것이지 안에 있던 물건들은 내 것이 아니었다.

마침 최초의 목격자로 진술서를 쓰기 위해 남양주 경찰서에 가야 했다.

"아, 아저씨!"

형사계는 시끄러웠다. 한쪽에는 쇠창살이 쳐진 유치장이 있었고, 분위기도 거칠었다. 영화에서만 보던 곳에 와 있으니 현실감이 들지 않았다.

내가 할 것은 처음 낙찰받았을 때부터 명도를 하면서 겪었던 일들을 쭉 이야기하는 것뿐이었고, 담당 경찰관이 들으면서 모두 타이핑을 치고 있었다. 말하면서 보니, 정말 영화나 소설에 나올 법한 일이라는 생각이 들었다. 보통 소유자가 자살하는 경우는 경매로 넘어가기 전이라, 낙찰자가 만나는 현장은 모든 일이 수습된 이후이기 때문이다.

"네, 그 정도면 될 것 같습니다."
"그리고 하나 여쭤볼 것이 있는데요. 이분의 유품들은 제가 마음대로 정리도 못하고, 어떻게 하는 것이 좋을까요?"
"유족분으로 배다른 형제분들이 있네요."
"아 유족이 있었어요?"
"평소에 연락하거나 오가는 사이는 아니었던 것 같습니다. 보니까 이분이 우울증이 심하셔서 결혼도 안 하시고 혼자 사신 것 같던데. 남기신 게 있더라고요."

"아 그래서. 빚이 5천만 원밖에 안 되는데 경매 나온 이유가 우울증이었 군요."

"네, 우울증이 있다 보니까 갚을 의지도 없고 해결할 의욕이 안 생겨서 서 상황을 방치하시다가, 누군가 잔금을 치렀다 하니까 그냥 자살하신 것 같거든요."

"그러면, 빚 갚고 남은 잔금을 받아 가려고 연락 없던 유족들이."

"뭐, 그런 거죠."

알고 보니 집주인은 집이 두 채나 있었고, 그중 한 채에 걸린 천만 원을 갚을 자산이 있는데도 우울증 때문에 일을 처리하지 못하고 이 상황이 된 것이다.

심한 우울증에 걸리면 먹고 씻는 데도 엄청난 에너지를 소모한다더니, 그런 상황이면 이정도 일을 해결하는 게 죽는 것보다 어려운 일인 모양이 다. 내가 집주인을 먼저 만나 이 상황을 알았다면, 도움을 줄 수 있었을 텐 데 마음이 복잡해졌다.

"유족분들이 장례를 치른다고 하시니까, 만나시는 데 어려움은 없을 거 예요. 유품을 처분해도 된다는 각서만 받아 두시면 문제될 것은 없습니다."

경찰서에서 유족들의 연락처를 받아 찾아갔다. 유품에 관심을 가지는 사람은 아무도 없었고, 각서는 수월하게 받을 수 있었다.

유품의 처분은 모두 업체에 맡겼다. 사진 한 장 남기지 못하고 소각됐다고 들었다. 아무도 추모하지 않고, 아무도 그리워하지 않는 죽음을 보는 것은 참 마음 아프고 힘든 일이다.

정리가 끝난 집은 도배하고, 장판, 가구, 타일, 문 등 모두 새롭게 꾸몄다. 다 뜯어냈기 때문이기도 하고, 내가 봤던 흔적을 지우고 싶은 마음도 있었다. 업체를 통하지 않고 하나하나 타일공을 부르고, 도배공을 불러가며 350만 원에 인테리어를 끝냈다.

완전히 새 집이 되었지만, 그 집에 들어가는 것은 항상 무서웠다. 과연 이 집을 세를 놓을 수 있을까 싶어 걱정이 되었다. 사람이 죽어 나간 집이라 하면 불길하게 여겨 들어오려는 사람이 없다.

그러나 알아본 결과, 이 사실을 숨기고 세를 놓을 경우 손해배상청구가 들어올 수도 있었다. 심지어 외국에는 미리 명시해야 한다고 법으로 정해진 나라도 있었다.

부동산 하고 상의해서, 세가 나가지 않는다면 합의해서 보증금을 깎아서 놓기로 결정했다. 그러나 세입자는 3일 만에 바로 구해졌다.

"자세한 말은 안 하고, 살던 분이 돌아가셨다고만 말했어요. 젊은 아가씨인데 그 주변 아파트 중에 이렇게 인테리어 깨끗하게 되어 있는 집이 없어서 너무 마음에 든다고, 그 일은 아무렇지도 않게 받아들이더라고요."

중개사 말을 들어 보니, 다행히 귀신을 믿지 않는 아가씨가 거주환경만을 보고 선택을 해 준 모양이다.

● 들어간 비용 & 최종 수익률 계산

	의정부지방법원	매각기일 : 2014.02.12(수) 10:30	경매12계

해당물건 상담신청

소재지	경기도 남양주시 진접읍			대법원바로가기

물건종류	아파트	채권자		입찰방법	기일입찰
경매대상	토지 및 건물일괄매각	채무자		사건접수일	2012.11.01
토지면적	31.68㎡(9.58평)	소유자		개시결정일	2012.11.05
건물면적	38.54㎡(11.66평)	감정가	70,000,000	배당종기일	2013.01.22
경매종류	부동산임의경매	최저가	(51%)35,840,000원	말소기준권리	2009.02.20
청구금액	44,611,616원	입찰보증금	(10%)3,584,000원	입찰일	2014.02.12(수) 10:30

진행과정

접수일	구분	일자
1일	사건접수일	2012.11.01
5일	개시결정일	2012.11.05
83일	배당종기일	2013.01.22
364일	최초경매일	2013.10.30

매각과정

접수일	회차	입찰기일	최저가	비율	상태
363일	1	2013-10-30	70,000,000	100%	유찰
398일	2	2013-12-04	56,000,000	80%	유찰
433일	3	2014-01-08	44,800,000	64%	유찰
468일	4	2014-02-12	35,840,000	51%	매각
매각		매각가 56,219,999 (80%)			

임차인현황 [말소기준권리 : 2009.2.20. 근저당권,배당요구종기 : 2013/01/22]

현황조사   매각물건명세서

조사된 임차내역이 없습니다.

집합건물 등기부현황

구분	성립일자	권리소유	권리자	권리금액	인수/소멸
1		소유권	김OOO		소멸
2	2009년2월20일	근저당권	(OOOOOO	51,120,000원	소멸기준
3	2012년11월5일	임의경매	(OOOOOO		소멸

● 들어간 비용

낙찰가	5622만 원
취등록세	72만 원
특수청소 비용	150만 원
인테리어 비용	350만 원
총 지출	6194만 원
경락잔금대출	4500만 원(80%)
임차 보증금	1000만 원
실투자금	694만 원

● 매매 후 수익

이자	60개월 × 15만 원 = 900만 원
시세차익	1억 3천만 원 - 6194만 원 = 6806만 원
총 매매수익	6806만 원 - 900만 원 = 5906만 원

● 1년 월세 임대수익

연이율(4%)	4500만 원 대출 → 이자 15만 원
임대수익	보증금 1000만 원 / 월세 30만 원
1년간 임대수익	12개월 × [30만 원(월세) - 15만 원(이자)] =180만 원

경매 투자의 3원칙

부동산 법원경매 투자는 누구나 도전할 수 있는 투자이나, 섬세하게 사소한 부분을 챙기지 못하면 큰 손실을 볼 수도 있다. 그래서 법원에 가 보면 몇천, 몇억 원이나 되는 경매 보증금을 날리는 경우도 흔하게 찾아볼 수 있다. 그러므로 독자 여러분도 아래의 경매 투자의 원칙을 잘 숙지하여 소중한 보증금을 날리지 않고 성공투자를 하였으면 하는 바람이 있다.

(1) 쉽고, 권리분석이 명확한 물건부터 도전하라!

권리분석이란 부동산 경매에 낙찰된 후, 내가 인수해야 되는 권리가 있는지 없는지에 대한 지뢰 찾기 게임으로 생각해도 된다. 그런데 권리분석이 생각보다 어렵지 않다. 특수권리를 제외하고 나면 내가 인수해야 되는 권리가 있는지 없는지 확인만 하면 된다. 20년 넘게 부동산 경매일을 하면서 내 물건, 고객의 물건을 1,000건이 넘게 낙찰받았다. 그러나 나 역시도 특수물건은 고작 50여 건이 되지 않는다. 그러니 경매를 처음 시작하는 여러분들도 쉽고 권리분석이 명확한 물건을 도전해서 수익을 얻었으면 좋겠다.

　권리분석에 대해서는 뒷부분에 정리해 놓았으니 그 부분을 중점적으로 읽으면서 반드시 습득하길 바란다. 결코 어렵지 않다. 천천히 따라 오시라.

초보는 특수권리는 피하라

부동산 경매에서 말하는 특수권리란 일반적으로 주택(아파트, 빌라, 다가구 등)에서는 유치권이 대부분이다. 유치권이란 간단하게 주택 건축 시 발생한 공사비를 돌려받지 못해 공사업자가 부동산이 경매에 나오면 유치권을 신청하는데, 대부분 허위 유치권이 많다. 그래도 처음 경매를 시작했을 때는 유치권 물건은 피하도록 하자.

토지에 대해서는 법정지상권이 많이 발생하는데 법정지상권 역시 간단하게 토지 위를 사용할 수 있는 권리라고 생각하면 쉽다. 경매를 통해 토지를 낙찰받을 때도, 법정지상권 물건은 피해서 낙찰받는 것이 좋다.

마지막으로 지분경매는 주택의 경우 이혼으로 부부가 결별하여 나오는 경우가 많고, 토지는 상속으로 인해 형제가 부모로부터 토지를 나눠 가지면서 나오는 경우가 많다. 지분경매의 경우 나중에 소송 또는 협의를 통해서 수익을 낼 수도 있지만 초보자에게는 권하지 않는다. 경매과정을 소화하기도 빠듯한데 소송까지 진행하게 되면 아마 대부분의 경매 초보들은 부동산 경매계를 떠나 버릴 것이다. 또한, 많이 유찰된 토지가 싸다고 낙찰받으러 갈 경우 90% 이상 공유자가 우선매수를 할 것이다. 그러므로 특수권리가 있는 물건은 일단 제외하고 물건을 찾아보자.

(2) '임장'은 선택이 아니라 필수이다!

임장이란 물건지에 찾아가 현장조사를 하는 것을 의미한다. 우리가 흔히 발품을 판다고 얘기하는데, 현장에 가 보면 물건의 장점도, 단점도 파악할 수 있다. 그래서 경매를 처음 시작하는 경우에는 내 주변의 물건을 사는 것을 추천한다. 평소에 내가 사는 지역에 관심을 가지고 생활하다가 보면 자연스럽게 경매에 나온 물건을 보고 한 발 앞서서 투자할 수 있다. 우리가 흔히 많이 투자하는 아파트나 상가를 예를 들어 설명해 보겠다.

아파트를 먼저 얘기해 보면, 부동산의 가격이 올라갈지 내려갈지에 대한 중요한 단서인 **'수요와 공급'**에 대해 생각해 볼 수 있다. 예를 들어 내가 살고 있는 지역에 앞으로 신규 분양될 아파트 단지수가 적고, 새롭게 지하철역이 개통되며 신규 우량회사들이 많이 옮겨 온다고 가정해 보자. 당연히 아파트 매매가와 전세가 모두 상승할 수밖에 없을 것이다. 물론 이렇게 3개의 호재가 함께 등장하기는 힘들겠지만 셋 중 하나의 호재만으로도 주택의 가격이 오르기에는 충분하다. 반대로 우량한 회사들이 떠나고, 많은 아파트가 신규 분양이 완료되어 입주를 앞두고 있다면 공급과잉으로 당분간 아파트 가격은 올라가기 쉽지 않을 것이다. 이렇게 주택은 **'수요와 공급'**에 큰 영향을 받는다.

그리고 상가는 풍부한 배후세대 및 사람들의 유동이 활발한 지역을 찾아야 공실의 위험을 피할 수 있다. 그런데 내가 원하는 물건지에 가서 직접 관찰하지 않는다면 어떻게 유동인구가 풍부한지 적은지 알 수 있겠는가? 물건을 손품을 팔아서 대략적으로 확인이 가능하나 반드시 임장을 가는 것을 추천한다. 소중한 내 돈으로 투자를 하는데 그 정도 노력은 반드시 필요하다. 뒷부분에 가서 임장에서 체크해야 될 것들을 다시 한번 짚어 보도록 하자.

(3) 많이 유찰되었다고 좋은 물건이 아니다

필자는 경매회사를 18년간 운영해 오면서 수없이 많은 고객들이 4~5번 유찰된 경매물건을 상담 받고자 오곤 한다. 그러나 그 물건들은 전부 선순위 임차인이 있거나, 복잡한 권리로 나중에 낙찰 후 소송이 기다리고 있는 물건이 대부분이다. 다시 한번 말하지만 싸다고 좋은 물건이 아니다. 물론 기본적으로 경매는 현 시세보다 싸게 낙찰받는 것을 원칙으로 하지만, 감정가의 70%, 80%까지 떨어질 때는 분명히 이유가 있는 법이다. 절대로 수많은 경매인들이 그냥 놔두지 않는다. 그러니 이제 4~5번 유찰된 물건을 보고 흥분해서 로또를 맞은 기분에 사로잡히지 말고 천천히 왜 그렇게까지 떨어졌는지 그 이유를 살펴보자. 나중에 경매의 고수가 되어 있을 땐, 그런 물건은 절대 보지 않을 것이다.

경매 정보 사이트에서
권리관계 확인하기

원칙상 경매에 들어온 물건을 낙찰받으면, 관련된 빚이나 담보 등의 등기부상의 권리는 말소되어야 한다. 그러나 예외적으로 낙찰자가 인수해야하는 권리가 있을 수 있는데, 이러한 권리관계를 확인하는 것이 '권리분석'이다.

권리분석에 관한 내용을 공부하다 보면 끝이 없다고 느낄 수 있다. 그러나 복잡한 내용과 어려운 용어들이 섞여 있는 경우도 있지만, 대부분의 경우 기본적인 내용으로도 충분하다. 실제 경매에 나오는 물건들은 간단한 내용인 경우가 훨씬 많으니, 어려운 물건을 굳이 찾아 공부할 필요는 없다.

먼저, 경매 정보 사이트에서 권리관계를 한번 살펴보자. 법원에서 무료로 공개하는 '매각물건명세서'라는 서류가 있다. 등기부등본, 현황조사서,

감정평가서 등의 문서에서 가장 중요한 정보들을 요약·정리해 놓은 서류이다.

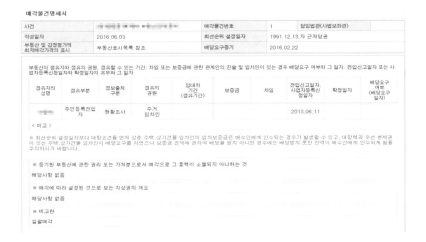

(1) 최선순위 설정일자

말소기준권리라고 생각하면 된다. 유료 사이트의 경우에도 말소기준권리 정보가 잘못 기재된 경우도 있으므로 꼭 재확인한다.

(2) 현황조사 및 임차인의 권리신고내역

임차인이 있다면 대항력과 배당요구 여부 등을 확인해 인수할 보증금이 있는지 파악한다. 임차인의 대항력은 전입신고와 확정일자를 확인해야 한다. 임차인 현황을 확인할 때 말소기준권리와 비교하여 전입날짜가 빠른지 느린지에 따라 대항력 여부가 달라지므로 이 점을 꼭 확인해야 한다.

(3) 등기된 부동산에 관한 권리 또는 가처분으로서 매각으로 그 효력이 소멸되지 아니하는 것

배당을 요구하지 않은 선순위전세권 및 담보가등기, 가압류, 가처분 등 낙찰자에게 인수되는 권리를 확인한다.

이곳에 '해당사항 없음'으로 적혀 있거나, 공란으로 되어 있다면 낙찰자가 인수할 권리가 없다는 뜻이다.

(4) 비고란

유치권, 법적지상권 등과 같이 등기부에 기재되지 않는 권리 중 인수되는 사항이나 특별매각조건을 반드시 체크한다. 특별매각조건은 재경매가 진행될 경우 20%나 30%의 입찰보증금을 요구하는 경우이거나 토지 취득 시 농지취득자격을 요구하는 경우가 대표적이다.

등기부등본의 구성

등기부등본이란 쉽게 말해 부동산의 주민등록이다. 즉, 부동산이 태어났을 때부터 현재까지를 모두 기록한 공적문서이다. 먼저 등기부등본을 어디에서 확인할 수 있는지 알아보자.

위 아이콘을 클릭하면, 등기기록 열람 창이 뜬다. 열람은 700원, 발급은 1,000원인데 내용은 똑같으나 증명서로서 법적효력은 발급용에만 있다. 출력하여 보는 데는 열람용도 아무 문제없으므로 우리는 굳이 비싼 발급용을 선택하지 않아도 된다.

간혹 인터넷을 보면 등기부등본을 무료로 열람하는 방법이라며 특정 사이트에 가입을 유도하는 경우가 있다. 그러나 그런 개인 사이트를 통해 받은 등기부 등본에 최신의 정확한 정보가 있으리라는 보장은 없다. 잘못된 권리분석으로 인한 리스크는 온전히 낙찰자의 몫이므로 700원을 아끼기 위해 그런 모험을 하는 것은 추천하지 않는다.

등기부등본의 정식명칭은 등기사항 전부증명서이다. 이름 그대로, 등기사항에 관련된 전부를 기록해 놓은 문서이다. 그러다 보니 모르는 사람이 보기에 굉장히 복잡해 보일 수 있다.

등기부등본은 건물, 토지가 따로 존재하며 아파트나 연립, 다세대, 오피스텔 등 집합건물의 경우에는 하나의 등기부에 건물과 토지 등기내역이 함께 기재되어 있다. 따라서 등기부등본에 토지 또는 건물로만 적혀 있다면 다른 종류의 등기부등본 역시 잊지 말고 챙겨야 한다.

등기부등본은 아래 세 가지로 구성되어 있다.

(1) 표제부

표제부는 등기부등본 제일 앞 페이지에 위치한다. 표제부는 해당 부동산의 지번과 지목, 구조 등 현황이 나와 있는 부분이다. 즉, 위치가 어디이고 어떤 용도로 사용되고 있는지, 면적은 얼마이고 어떤 구조로 되어 있는지 알려 주는 현황이 나와 있다. 빨간색으로 줄이 그어져 있다면, 그것은 과거 내역이고 현재 시점에 영향이 없기 때문에 눈여겨볼 필요는 없다.

등기사항전부증명서(말소사항 포함)
- 집합건물 -

고유번호 1152-1996-780192

[집합건물] 경기도 남양주시 진접읍 ███████████████████

【 표 제 부 】		（ 1동의 건물의 표시 ）		
표시번호	접 수	소재지번,건물명칭 및 번호	건 물 내 역	등기원인 및 기타사항
~~1~~ ~~(전 1)~~	~~1991년12월2일~~	██████	~~철근콘크리트조~~ ~~평슬래브지붕~~ ~~5층 아파트~~ ~~1층 767.364㎡~~ ~~2층 767.364㎡~~ ~~3층 767.364㎡~~ ~~4층 767.364㎡~~ ~~5층 767.364㎡~~ ~~지층 629.572㎡~~	~~도면편철장 제8책 제244장~~
				부동산등기법 제177조의 6 제1항의 규정에 의하여 2000년 08월 07일 전산이기
2		██████	~~철근콘크리트조~~ ~~평슬래브지붕~~ ~~5층 아파트~~ ~~1층 767.364㎡~~ ~~2층 767.364㎡~~ ~~3층 767.364㎡~~ ~~4층 767.364㎡~~ ~~5층 767.364㎡~~ ~~지층 629.572㎡~~	~~1995년1월1일 행정구역변경~~ ~~및 명칭변경으로 인하여~~ ~~2000년9월22일 등기~~ ~~도면편철장 제8책 제244장~~
3		██████	철근콘크리트조 평슬래브지붕 5층 아파트 1층 767.364㎡ 2층 767.364㎡ 3층 767.364㎡ 4층 767.364㎡ 5층 767.364㎡ 지층 629.572㎡	도로명주소 2012년3월16일 등기

【 표 제 부 】 (전유부분의 건물의 표시)				
표시번호	접 수	건 물 번 호	건 물 내 역	등기원인 및 기타사항
1 (전 1)	1991년12월2일		철근콘크리트 38.540㎡	도면편철장 8책 244장
				부동산등기법 제177조의 6 제1항의 규정에 의하여 2000년 08월 07일 전산이기

(대지권의 표시)		
표시번호	대지권종류	대지권비율	등기원인 및 기타사항
1 (전 1)	1, 2, 3, 4, 5 소유권대지권	10880분의 31.68	1991년11월25일 대지권 1991년12월2일
			부동산등기법 제177조의 6 제1항의 규정에 의하여 2000년 08월 07일 전산이기

(2) 갑구

갑구는 해당 부동산의 소유자가 누구이며 그동안 누구의 소유였는지에 대해 나와 있는 부분이다. 즉, 갑구는 누가 주인인지 알려 주는 부분이라고 이해하면 된다. 중간에 매매나 경매 등을 통해 소유권이 이전되면 이전 소유자에 대한 내용도 전부 나오기 때문에 갑구의 제일 마지막에 나와 있는 소유자가 누구인지 확인해야 한다.

가압류, 가처분, 가등기, 경매기입등기 등 권리관계에 영향을 미치는 내용들도 있어서 경매에 들어간 물건임을 알아볼 수 있다. 갑구에 가압류나 가등기가 표기된 경우에는 부동산을 처분할 권리를 가지게 되므로 이 부분을 반드시 확인해야 한다.

소유권자로 여러 명이 있을 수 있는데, 제일 처음 '소유권 보존'으로 표시된 것이 건물을 짓고 첫 소유주이다. 이때의 날짜를 통해 건물의 연식을 확인하는 것이 좋다. 또한 제일 마지막에 있는 소유자가 현재 부동산의 소유자로, 경매사건의 소유자와 동일한지 확인해 두는 것이 좋다.

[집합건물] 경기도 남양주시 진접읍 장현리 ▒▒▒ ▒▒ ▒ ▒▒▒▒▒ ▒▒▒▒ ▒▒ ▒▒▒▒

【 갑 구 】	(소유권에 관한 사항)			
순위번호	등 기 목 적	접 수	등 기 원 인	권리자 및 기타사항
1 (전 2)	소유권이전	1991년12월18일 제60557호	1990년3월21일 매매	소유자 ▒▒▒ ▒▒▒
1-1	1번등기명의인표시 변경		2009년2월19일 전거	이▒▒▒ ▒▒▒ ▒▒▒▒▒ ▒▒▒▒▒▒▒▒ ▒▒▒ ▒▒ ▒▒▒ ▒▒▒ ▒▒▒ 2009년2월20일 부기
2 (전 5)	가압류	1993년12월6일 제50315호	1993년12월3일 서울지 방법원 의정부지원의- 가압류 결정(93카단637 2)	채권자 신▒ ▒▒ ▒▒▒▒
				부동산등기법 제177조의 6 제1항의 규정에 의하여 1번 내지 2번 등기를 2000년 08월 07일 전산이기
3	가압류	2001년9월8일 제76659호	2001년9월7일 서울지방법원 의정부지원 남양주시법원의- 가압류 결정(2001카단1 765)	청구금액 금917,944원 채권자 주식회사 ▒▒▒▒▒ ▒▒▒▒▒ ▒▒▒▒ ▒▒▒ ▒▒▒▒▒
4	3번가압류등기말소	2004년6월11일 제50600호	2004년6월8일 해제	
5	2번가압류등기말소	2006년2월27일 제26195호	2006년2월13일 해제	
6	소유권이전	2009년2월20일 제16096호	2009년1월31일 매매	소유자 안▒ ▒▒▒▒▒ ▒▒▒▒▒▒▒ ▒▒▒ ▒▒▒ ▒▒▒ ▒▒▒▒▒ 거래가액 금68,000,000원

(3) 을구

을구는 경매에서 가장 중요한 권리관계를 보여 주는 부분이라고 볼 수 있다. 을구에는 저당권, 근저당권, 전세권, 지역권, 지상권, 임차권 등 소유권 이외의 권리가 기재된다.

소유자가 이 건물을 담보로 얼마의 대출을 받고 있는지 알 수 있는데, 경매로 낙찰받게 되면 채권자들이 어떤 순서로 배당금을 받아가게 될지, 이후 낙찰자가 대신 갚아야 하는 빚은 없는지 등을 확인해야 한다.

을구에서 가장 중요한 것은 말소기준권리를 찾아내는 것이다. 각 부분을 어떻게 읽고 확인하는지는 다음 장에서 자세히 알아보자.

【 을 구 】	(소유권 이외의 권리에 관한 사항)			
순위번호	등 기 목 적	접 수	등 기 원 인	권리자 및 기타사항
1 (전 1)	근저당권설정	1991년12월18일 제60558호	1991년12월14일 설정계약	채권최고액 ▓▓▓▓▓ 채무자 이▓▓▓ ▓▓▓▓▓▓ 근저당권자 ▓▓▓▓▓

[집합건물] 경기도 남양주시 진접읍 장현리 ▓▓▓ ▓▓ ▓▓▓ ▓▓▓ ▓▓ ▓▓▓ ▓▓▓

순위번호	등 기 목 적	접 수	등 기 원 인	권리자 및 기타사항
				▓▓▓▓▓▓▓▓
1-1	1번근저당권이전	2004년6월8일 제49475호	2001년11월1일 회사합병	근저당권자 주식회사 ▓▓▓ ▓▓▓▓▓
2 (전 2)	근저당권설정	1992년1월15일 제1315호	1992년1월14일 설정계약	채권최고액 금18,000,000원 채무자 이▓▓ 근저당권자 황▓▓
3 (전 3)	전세권설정	1992년1월15일 제1327호	1992년1월14일 계약	전세금 8,000,000원 범 위 주거용 건물 전부 존속기간 1993년 1월 14일 반환기 1993년 1월 14일 전세권자 황▓▓
3-1 (전 3-1)				전3번 등기는 건물만에 관한 것임 1992년1월15일 부동산등기법 제177조의 6 제1항의 규정에 의하여 1번 내지 3-1번 등기를 2000년 08월 07일 전산이기
4	2번근저당권설정등기말소	2004년6월5일 제48887호	2004년6월3일 해지	
5	3번전세권설정등기 말소	2004년6월5일 제48888호	2004년6월3일 해지	
6	1번근저당권설정등기말소	2004년6월8일 제49476호	2004년6월8일 해지	
7	근저당권설정	2006년2월6일 제15188호	2006년2월6일 설정계약	채권최고액 금13,000,000원 채무자 이▓▓ 근저당권자 진▓▓▓ ▓▓▓ ▓▓▓▓

5장

권리분석 타파하기 II

실전 사례 - 아파트 화단의 무덤

유찰 횟수가 적어도 가격이 좋은 물건들이 있다. 2016년 겨울에 발견한 아파트가 딱 그런 물건이었다. 감정가 1억 9500만 원의 아파트가 한 번 유찰되어 1억 3650만 원으로 나온 것이다.

경기도 광주에 이름 있는 건설사가 지은 아파트로, 4개 동에 261세대가 있는 꽤 큰 단지를 이루고 있었다. 그중 1층에 34평형이 경매로 나온 것이다. 서류상으로는 유찰될 이유가 없는 물건이다.

아파트 1층은 사생활 노출을 이유로 기피되기도 하지만, 어린 자녀가 있는 집이나 계단이 불편한 어르신들이 자주 찾는 층이기도 하다. 즉, 세가 잘 나가는 곳으로 좋은 투자대상이다.

권리분석을 해 봤을 때에도 별다른 특이사항은 없었다. 이런 경우 할 일은 하나다. 임장.

목표로 한 물건에 가까워질수록 신경이 예민해진다. 차로 들어가기 힘든 길이 있는지, 주변에 이상한 건물은 없는지 등 자꾸 두리번거리며 살피게 된다.

다행히 이번 물건은 위치도 좋고 근처에 문제가 될 만한 것도 없었다. 아파트 단지도 깨끗하고 주차하기도 편했다. 이러면 차에서 내릴 때 절로 콧노래가 나온다. 매번 하는 일이지만, 차를 타고 낯선 곳에 오는 건 즐거운 일탈이다.

그러나 즐거운 기분은 거기까지였다. 목표로 한 물건에 다가갈수록 이상한 것이 보였기 때문이다. 아파트 앞 화단, 1층 거실에서 바로 내다보이는 곳 정중앙에 무덤이 있었다.

바로 앞까지 가서 봐도 똑같았다. 무덤이었다. 세상에 어떻게 이 큰 단지 안에, 아파트 바로 앞 화단에 무덤이 있을 수 있지? 충격적인 상황에 머리가 돌아가지 않았다.

아파트나 빌라 안에 무덤이 있는 경우는 드물지만 간혹 존재한다. 건설하기 전에 무덤 이장을 하곤 하지만, 강제할 수는 없다. 풍수지리에 대한 믿음 때문이다.

부동산 경매 2천만 원으로 복마마 따라잡기

"묘를 이장하고부터 집안에 우환이 들었다." 혹은 "묫자리가 안 좋으니 어디어디로 이장하면 일이 잘 풀릴 거다."라는 말들이 있다. 누군가에겐 미신이더라도 누군가에겐 중요한 일이기 때문에, 기존 묘를 후손의 동의 없이 이장할 수 없도록 법으로 정해져 있다.

그래서 아파트나 빌라 단지 외곽에 묘가 있는 경우가 종종 있고, 간혹 단지 안에 있는 경우도 있다. 그래도 입주자의 조망권 등을 위해 아파트 뒤편으로 숨겨서 건설하는 경우가 대부분이지, 이렇게 앞에 대놓고 있는 경우는 거의 없다.

집 안에 들어가 보지는 않았지만, 밖에서 보기에는 거실에서 바로 무덤이 보일 것 같았다. 이렇게 가까우면 공동묘지에 사는 기분이 들지 않을까, 살기 찝찝하지 않을까 많은 생각이 들었다.

그러나 믿음이란 상대적이다. 누군가에게는 자신의 인생을 좌우할 일이 누군가에게는 길가의 돌멩이와 같은 일이다. 나라면 저 집에서 살지 않았겠지만, 오히려 좋은 아파트의 1층이라며 반길 사람도 있다는 뜻이다.

서울로 올라가며 부동산 중개업소와 통화도 했다. 무덤 있는 집은 다른 곳보다 저렴하게 나가겠지만, 그럼에도 경매가보다 전세가가 높다는 결론이 나왔다. 낙찰받기로 결정을 했다.

서류상 보기에도 좋은 물건은 모두가 알아본다. 9명이 입찰을 들어왔다. 1억 5500만 원에 낙찰받았다. 대출도 70%가 나와 실제로 들어간 비용은 꽤나 저렴한 편이었다.

무덤을 앞에 두고 사는 사람들은 어떤 사람들일까. 명도가 잘 끝난다 하더라도 잘 활용할 수 있을까, 여러 생각을 갖고 찾아갔다.

벨을 눌렀지만 답이 없었다. 조금 허탈했다. 사람마다 생활패턴이 다르기 때문에 집이 비어 있는 경우는 종종 있지만, 여기까지 찾아와서 벨을 누른다는 것은 의외로 긴장을 요하는 일이기 때문이다.

간격을 두고 찾아갔지만, 집은 비어 있었다. 결국 연락처를 알아내 전화 통화로 해결해야 했다.

"여보세요."
"안녕하세요. ○○호 사시는 분 맞으시죠?"
"아 거기… 무슨 일이십니까."
"경매 낙찰받은 사람입니다. 댁에 안 계신 듯해서 전화드렸어요."
"아아 네, 안녕하세요. 지금은 이사해서 다른 집에 있습니다."

집주인은 꽤 신사적인 사람이었다. 운이 좋은 케이스로, 이런 사람은 열에 한두 명밖에 없다.

대부분의 경우 경매로 넘어가게 되면, 집주인 입장에서는 돈도 못 받고 집을 뺏긴 기분이 들기 마련이다. 이전에 진 빚을 갚는 것으로 대신한다 해도, 실제 손에 쥐어지는 돈이 아니기 때문에 감정적으로 와닿지 않기 때문이다. 더군다나 경매에 나오는 경우 대부분은 돈이 부족한 상황이라 더욱 집착할 수밖에 없다.

보통 화를 내거나, 울며 신세 한탄을 하기 마련이다. 만약 그런 사람을 만났다면, 절대 말려들면 안 된다. 그 사람들과 똑같이 행동하는 순간 명도는 힘들어진다고 생각하면 된다.

차분하게 대응하다 보면, 상대도 진정하고 대화를 할 수밖에 없다. 계속해서 화를 낸다면, 수긍하고 집행절차를 이야기할 수밖에 없다.

잠시 당혹스러운 마음이 들었다. 먼저 알아서 이사 가는 경우는 굉장히 드물다. 일견 행운이라는 생각이 잠시, 그리고 의뭉스러운 마음도 잠시 들었다. 정말 잘 이사했을까? 현관 비밀번호를 받아야 하는데.

"네, 어쩔 수 있나요. 빠르게 비워 드려야지."

살짝 허탈한 듯한 웃음이 따라왔다. 아, 그러면 그렇지. 집주인 입장에서 이 상황이 마음에 안 드는 건 당연하다. 다만 상황을 충분히 이해하고 있고, 대처할 능력이 있으니까 본인의 상식대로 움직인 것이다.

이런 경우는 크게 힘든 일이 없다. 간혹 좋은 상황이라고 신나서 그대로 끝내는 사람도 있는데, 그리 추천하는 태도는 아니다. 날 예의 있게 대해 준 사람에게 예의도 아닐 뿐더러, 굳이 불편한 인연을 만들지 않는 것이 좋다고 생각하기 때문이다.

결국 명도를 하는 것은, 상대의 심정을 이해하고 대화하는 것만이 정답이다. 그날도 깊은 이야기까지 나아갔다.

"이번에 사드사태로 인해 사업에 문제가 생겨서 경매로 넘어간 거거든요."
"아 중국 쪽 하고 사업을 하셨었나 봐요."
"네, 농수산물 수입을 했었습니다."

역시 돈이 없는 사람이 아니었다. 개인적인 여유는 있지만, 자금흐름이 갑자기 막혀 담보로 잡았던 집이 경매에 나갈 수밖에 없었던 것이다.

"사실 제 입장에서야 많이 아쉽죠. 지금 사업이 가져다 준 집인데, 사업하고 같이 떠나게 됐으니까요."
"그런 집들이 있죠. 한창 사업 잘될 때 구매하신 건가 봐요."
"네, 맞습니다. 제가 그때…."

당시 이야기가 이어졌다. 대화를 해 보니 짐작이 맞았음을 알게 되었다. 집은 아무런 문제가 없었는데, 마침 사업자금의 담보로 잡은 집이어서 경매로 넘어가게 된 것이다. 사실 이런 집들이 종종 경매에 나오는데,

낙찰자 입장에서는 아주 좋은 매물이다. 대부분 사업이 잘될 때 같이 샀던 집으로 집주인이 꽤나 아끼며 실거주를 한다. 그래서 인테리어도 비싸게 되어 있고 관리도 잘되어있는 경우가 많다. 이번 물건도 마찬가지였다.

"5천만 원정도 들여서 인테리어까지 한 집이라… 좀 서운하기는 하죠. 그래도 어쩌겠습니까. 저 대신 잘 써 주십시오."
"괜찮으시겠어요?"
"저야 사업을 완전히 접은 것도 아니고, 다른 아이템들도 많은 걸요."

다행히 돈에도 집에도 미련은 없어 보였다. 전 주인이 마음 편하게 떠난다면 나도 기분이 한결 가볍다. 사람은 남의 절망보다 희망을 좋아하기 마련이다.

"수출길이 중국만 있는 것도 아니고, 미얀마나 베트남. 이제는 이런 곳으로 눈을 돌려야 할 거예요. 지금 인건비 올라가는 상태로 보면, 절대 우리나라 혼자서 살아남을 수 없습니다. 자녀분 있으시면 이런 동남아 언어를 한번 가르쳐 보세요."

어쩌면 의욕적인 사람이라서 그만큼 현실을 빠르게 받아들이고 다음을 준비할 수 있는 것 아닐까 싶다. 이야기 끝에 본인의 목표와 함께 많은 좋은 말들을 해 주었지만 가장 중요하게 배울 것은 세상의 흐름을 계속해서 생각하고 빠르게 받아들이는 태도였다.

감사의 의미를 담아, 식사비로 쓰시라며 돈을 조금 보내드리려 했지만, 굳이 필요하지 않다 거절했다. 그런 사람에게 억지로 돈을 드리는 것 또한 예의가 아닌지라 서로 덕담만을 나누고 통화가 끝났다.

핸드폰이 울렸다. 전 주인이 현관 비밀번호를 문자로 보낸 것이다.

말한 대로 집 안은 화이트톤으로 깔끔하게 인테리어가 끝난 상태였다. 탁 트인 거실이 눈에 들어왔지만, 내 관심사는 따로 있었다. 제일 먼저 베란다로 향했다. 닫혀 있는 커튼을 여니, 정중앙에 위치한 묘가 바로 보였다. 그리고 그 뒤로 지나가는 사람도 보였다. 부담스러운 풍경에 넋을 놓기도 잠시, 바로 커튼을 닫아 버렸다.

"저도 처음에는 그랬는데, 그 덕에 싸게 샀지요. 그만큼 인테리어에 투자하기도 하고, 사실 살다 보니 아무렇지 않아지더라고요. 집에는 아무런 문제도 없고요."

헤어지기 전에 전 주인이 했던 말이 떠올랐다. 생각해 보니 1층은 사생활 침해문제로 어차피 커튼을 닫고 생활하는 경우가 많다. 신경 쓰이지만 큰 문제가 아니라 여기기로 했다.

그때야 인테리어가 보이기 시작했다. 부엌부터 화장실, 안방 모두를 찬찬히 돌아보았다. 5천만 원이 넘는 돈을 들여 인테리어를 했다더니 과연 그만한 디자인이었다. 깔끔하게 잘 정돈된 집안이 만족스러웠다. 보일러도 얼마 안 된 새것이고, 도배장판도 그대로 사용할 수 있을 듯했다.

 내가 살지 못할 것 같더라도, 모두가 살지 못하는 것은 아니다. 집은 그대로 세를 놓았고, 역시나 빠르게 사람이 들어왔다. 내가 선호하는 집을 사라고 하지만, 너무 내 기준으로 보는 것 또한 옳지 않다는 것을 확인하게 된 날이었다.

● 들어간 비용 & 최종 수익률 계산

2016타경10584	수원지방법원 성남지원		매각기일 : 2017.01.31(화) 10:00		경매3계

소재지	경기도 광주시 초월읍 도평리				대법원바로가기
물건종류	아파트	**채권자**		**입찰방법**	기일입찰
경매대상	토지 및 건물일괄매각	**채무자**		**사건접수일**	2016.09.01
토지면적	61.60㎡(18.63평)	**소유자**		**개시결정일**	2016.09.09
건물면적	84.57㎡(25.58평)	**감정가**	195,000,000	**배당종기일**	2016.11.14
경매종류	부동산임의경매	**최저가**	(70%)136,500,000원	**말소기준권리**	2011.07.01
청구금액	60,406,676원	**입찰보증금**	(10%)13,650,000원	**입찰일**	2017.01.31(화) 10:00

물건사진

접수일	구분	일자
1일	사건접수일	2016.09.01
9일	개시결정일	2016.09.09
75일	배당종기일	2016.11.14
117일	최초경매일	2016.12.26

매각과정

접수일	회차	입찰기일	최저가	비율	상태
116일	1	2016-12-26	195,000,000	100%	유찰
152일	2	2017-01-31	136,500,000	70%	매각
매각		매각가 155,000,000 (79%)			

● 들어간 비용

낙찰가	1억 5500만 원
취등록세	200만 원
총 지출	1억 5700만 원
경락잔금대출	1억 850만 원(70%)
전세	8000만 원
실투자금	0 원(+3150만 원 현금 확보)

● 매매 후 수익

이자	55개월 × 35만 원 = 1925만 원
시세차익	2억 8천만 원 - 1억 5700만 원 = 1억 2300만 원
총 매매수익	1억 2300만 원 - 1925만 원 = 1억 375만 원

● 1년 월세 임대수익

연이율 (4%)	1억 850만 원 대출 → 이자 35만 원
임대수익	보증금 3000만 원 / 월세 100만 원
1년간 임대수익	12개월 × [100만 원(월세) – 35만 원(이자)] = 780만 원

등기부등본 파악하기

정확한 권리분석의 정석은 등기부등본과 전입세대열람을 직접 떼어 보고 서로를 비교해 보는 것이다. 물론 아래에 몇 가지 편법을 언급하겠지만, 될 수 있으면 등기부등본과 전입세대열람을 발급받아 비교해 보고 권리분석을 진행하도록 하자.

우선 등기부등본은 인터넷 등기소에서 발급가능하다. 그리고 전입세대열람은 집근처 가까운 주민센터로 가면 발급해 준다. 예시를 들어 설명해 보겠다.

매일옥션 사이트에 접속해서 내가 원하는 경매 물건을 찾아보자.

나는 충북 청주시에 있는 아파트에 대해 권리분석을 해 볼 예정이다. 해당 아파트는 감정가 43,000,000원에 6번 유찰되어 11,272,000원에 진행을 하고 있다. 이렇게 많이 유찰된 물건은 권리상 하자가 있는 경우가 많으니 반드시 주의 깊게 권리분석을 해야 한다.

매일옥션 무료전문가상담 1599-2646
신의에 보답하는 법원 경매 전문

해당물건 상담신청

2009 다경 3307 [3 매각 ∨] 청주지방법원   매각기일 : 2021.07.23(금) 10:00   경매4계

소재지	충청북도 청주시 서원구 남이면 ████ ██-█ ██ █████ ███ ████			대법원바로가기
물건종류	아파트	채권자	군OOOOOOOO 임의경매	입찰방법	기일입찰
경매대상	토지 및 건물일괄매각	채무자	황OO	사건접수일	2019.03.05
토지면적	29.49㎡(8.92평)	소유자	이OO외 1명	개시결정일	2019.03.15
건물면적	36.62㎡(11.08평)	감정가	43,000,000	배당종기일	2019.06.18
경매종류	부동산임의경매	최저가	(26%)11,272,000원	말소기준권리	2014.03.12
청구금액	125,229,560원	입찰보증금	(10%)1,127,200원	입찰일	2021.07.23(금) 10:00

물건사진   사진더보기

진행과정

접수일	구분	일자
1일	사건접수일	2019.03.05
11일	개시결정일	2019.03.15
106일	배당종기일	2019.06.18
165일	최초경매일	2019.08.16

매각과정 [매각과정 전체보기]

접수일	회차	입찰기일	최저가	비율	상태
269일	4	2019-11-29	22,016,000	51%	유찰
689일	5	2021-01-22	17,613,000	41%	변경
801일	6	2021-05-14	17,613,000	41%	유찰
836일	7	2021-06-18	14,090,000	33%	유찰
871일	8	2021-07-23	11,272,000	26%	매각
매각		매각가 12,700,000 (30%)			

우선 등기부등본에서 우리가 찾아야 할 것은 말소기준권리이다. 말소기준권리가 될 수 있는 6가지 권리의 종류를 알아보자.

1. **저당권**

2. **근저당권**

3. **압류**

4. **가압류**

5. **담보가등기**

6. **강제경매개시 결정등기**

말소기준 권리 중 가장 먼저 등록된 권리가 말소기준권리가 된다. 그중에서 '**2. 근저당권**'이 대부분의 경우 말소기준권리가 된다. 생각을 해 보면 당연한 것이 근저당은 대부분 은행에서 설정을 한다. 그런데 은행에서 낮은 순위(권리 등록일자가 늦은)의 근저당을 설정하고 돈을 빌려 주려고 하지 않기 때문이다. 물론 부동산의 가치가 크고 선순위 권리가 적은 금액으로 등록되어 있을 땐 은행에서 돈을 빌려 주기도 한다. 그리고 '**6. 강제경매개시 결정등기**'는 말소기준 권리가 되는 경우가 거의 없음으로 신경 쓰지 않아도 괜찮다.

그럼 등기부등본 중에 소유권 이외의 권리가 나와 있는 '을구'를 살펴보자.

【 을 구 】 (소유권 이외의 권리에 관한 사항)				
순위번호	등 기 목 적	접 수	등 기 원 인	권리자 및 기타사항
4	근저당권설정	2003년10월27일 제78416호	2003년10월25일 설정계약	채권최고액 금1,300,000,000원 채무자

[집합건물] 충청북도 청주시 서원구 남이면

순위번호	등 기 목 적	접 수	등 기 원 인	권리자 및 기타사항
6	1번근저당권설정등 기말소	2013년8월1일 제107865호	2013년7월18일 일부포기	
7	5번근저당권설정등 기말소	2014년3월12일 제30817호	2014년3월12일 해지	
8	근저당권설정	2014년3월12일 제31089호	2014년3월12일 설정계약	채권최고액 금23,800,000원 채무자 황 전라북도 군산시 근저당권자
9	근저당권설정	2016년10월11일 제122810호	2016년10월11일 설정계약	채권최고액 금300,000,000원 채무자 황 근저당권자 최 공동담보목록 제2016-1206호

중간에 소멸된 4~5번은 생략하였고, 등본을 자세히 보면 우리가 배운 말소기준권리가 될 수 있는 권리는 8번, 군산중부새마을금고에서 설정한 **근저당권**이 있다. 금액은 23,800,000원이고 해당 권리 위쪽으로는 소멸되거나 위에서 배운 6가지 권리에 해당하는 권리가 없다. 그러므로 8번 근저당권이 말소기준이 된다.

그럼 이제 전입세대열람의 세입자 전입신고일과 말소기준권리의 날짜와 비교하여 전입신고일이 빠르면 대항력이 있는 거고, 느리면 대항력이 없게 된다. 생각보다 정말 쉽지 않은가? 이 기본적인 권리분석을 완벽하게 처리해도 경매물건의 90%는 처리가 가능하다. 그럼 이제 말소기준권리 날짜(**2014년 3월 12일**)를 잘 기억해 놓고 전입세대열람을 확인해 보자.

부동산 경매 2천만 원으로 복마마 따라잡기

절대 놓치면 안 되는 전입세대열람

권리분석에 있어서 전입세대열람은 매우 중요한 역할을 한다. 하지만 경매를 처음 접하는 많은 경매 초보자들이 전입세대열람을 분석하는 데 소홀하다. 특히 주거용부동산인 빌라, 아파트, 다가구 등 사람이 살고 있는 부동산의 경우 필수적으로 확인해야 한다. 그 이유는 임차인의 대항력 유무를 확인할 수 있기 때문이다.

먼저 전입세대열람을 어디에서 확인하는지 알아보겠다. 준비물은 신분증과 동전 300원이 필요하다. 그리고 경매정보지가 필요하다. 전입세대열람은 이해관계인만 뗄 수 있는데, 경매 입찰자도 이해관계인에 포함되기 때문에 경매정보지를 지참해야 한다.

전입세대열람은 과거에는 해당 지역의 동사무소로 방문해야 했지만, 현재는 가까운 동사무소에 가서 발급받을 수 있다. 그러면 이제 전입세대열람을 살펴보자.

전입세대연람을 보면 김○○가 **2018년 10월 22일**에 전입신고를 한 것으로 나왔다. 그럼 이제 말소기준권리 날짜와 비교해 보면, 말소기준권리 날짜보다 훨씬 늦게 전입을 한 것을 알 수 있다. 그러므로 해당 세입자는 대항력이 없으므로 물건을 낙찰받은 후 세입자에게 전세금을 돌려주지 않아도 된다.

매각물건명세서 - 빠르게 훑어보기

'매각물건명세서'로 선순위 세입자 확인하기

'매각물건명세서'는 법원에서 제공하는 문서로 정말 바쁜 경우에, 등기부와 전입세대열람을 확인할 수 없을 때, 매각물건명세서라도 꼭 확인하고 입찰에 들어가는 것이 좋다. 우선 "등기된 부동산에 관한 권리 또는 가처분으로 매각으로 그 효력이 소멸되지 아니하는 것"을 보면, 빈칸으로 되어 있거나 "해당사항 없음"으로 표기되어 있다면 문제가 없는 것이다. 그리고 위에 '최선순위 설정'에 나와 있는 권리가 말소기준권리가 되고, 그 오른쪽 아래에 '전입신고 일자, 사업자등록 신청일자'와 비교하여 다시한번 세입자의 대항력 여부를 확인할 수 있다. 다시 한번 말하지만 급할경우에만 매각물건명세서로 권리분석을 하고, 될 수 있으면 정석의 방법대로 권리분석을 하길 권장한다.

청주지방법원

매각물건명세서

사건	████ 부동산임의경매	매각물건번호	3	작성일자	2021.06.30	담당법관(사법보좌관)	████

부동산 및 감정평가액 최저매각가격의 표시	별지기재와 같음	최선순위 설정	2014.3.12. 근저당권	배당요구종기	2019.06.18

부동산의 점유자와 점유의 권원, 점유할 수 있는 기간, 차임 또는 보증금에 관한 관계인의 진술 및 임차인이 있는 경우 배당요구 여부와 그 일자, 전입신고일자 또는 사업자등록신청일자와 확정일자의 유무와 그 일자

점유자 성명	점유 부분	정보출처 구분	점유의 권원	임대차기간 (점유기간)	보증금	차임	전입신고일자, 사업자등록 신청일자	확정일자	배당 요구여부 (배당요구일자)
████	3번 목록 전체	현황조사	주거 임차인		2,000만원		2018.10.22.	미상	
	3번 목록 전체	권리신고	주거 임차인	2018.7.24.-20 19.7.23.	15,000,000		2018.10.22.	2018.10.22.	2019.04.16

〈비고〉

● 최선순위 설정일자보다 대항요건을 먼저 갖춘 주택·상가건물 임차인의 임차보증금은 매수인에게 인수되는 경우가 발생 할 수 있고, 대항력과 우선변제권이 있는 주택·상가건물 임차인이 배당요구를 하였으나 보증금 전액에 관하여 배당을 받지 아니한 경우에는 배당받지 못한 잔액이 매수인에게 인수되게 됨을 주의하시기 바랍니다.

등기된 부동산에 관한 권리 또는 가처분으로 매각으로 그 효력이 소멸되지 아니하는 것

매각에 따라 설정된 것으로 보는 지상권의 개요

비고란

건축법상 사용승인을 받지 않은 건물로, 임대업자 등록이 가능하지 않을 수 있음. 집합건축물대장에 미등재 상태로, 임시사용 승인을 받은 것으로 조사됨.

주1 : 매각목적물에서 제외되는 미등기건물 등이 있을 경우에는 그 취지를 명확히 기재한다.
　2 : 매각으로 소멸되는 가등기담보권, 가압류, 전세권의 등기일자가 최선순위 저당권등기일자보다 빠른 경우에는 그 등기일자를 기재한다.

6장

발품 없는
경매는 없다

실전 사례 - 상가와 주택의 동거

무더운 여름날이었다. 다들 놀러가기 바쁜 때였지만 나는 어디 놀러가기도 마땅치 않아서 '그냥 집에서 시원하게 경매물건이나 봐야겠다' 하고 집에서 컴퓨터로 물건을 검색하고 있었다.

그러던 중 경기도 성남에 4차까지 떨어진 물건(3회 유찰된 물건)이 눈에 꽂혔다. 상가가 유난히 싸게 나온 것이다. 3억 원대 물건이었는데 지금은 1억 원 초반까지 떨어졌으니 소위 핫한 지역이라고 불리는 경기도 성남에서는 흔하지 않은 경우였다.

법원에서 제공하는 사진만으로는 제대로 된 상권을 파악하기 어려웠다. 순간 더위도 잊을 만큼 이 물건이 궁금해졌다. 에어컨을 끄고 문밖을 나섰다. 휴가 대신 임장을 가기로 결정한 것이다.

도착해 보니 위치가 꽤 좋았다. 1층이었고 코너에 위치한 물건이었기 때문이다. 이렇게 주거지역과 밀접한 위치에 있는 상가 물건은 저층일수록 좋고 이동량이 많은 코너일수록 좋다. 저층일수록 접근이 쉽고 자연스럽게 사람들이 많이 방문하게 된다. 또한 코너 자리는 사람들이 많이 지나갈 수밖에 없는 자리이므로 골목상권 중에서는 가장 좋은 자리라고 할 수 있다. 이렇게 1층이고 코너인 물건은 대체로 세가 잘 나가기 때문에 좋은 위치인 경우가 많다.

유리로 밖에서 안을 들여다보니 사진으로 봤을 때와 다르게 상당히 넓고 깊은 상가였다. 넓은 상가였지만 구조가 일반적인 상가와 다르게 독특했다. 절반은 주인이 인테리어 가게로 사용하고 있었던 것 같은데 지금은 폐업한 상태로 보였고 일반적인 상가였다. 하지만 나머지 절반은 벽을 치고 문을 달아서 집처럼 만들어 놓은 것이다.

복마마 TIP 🔍

상가 시세를 파악하는 방법

1. 감정평가사가 평가한 가격을 기준으로 기본적인 시세를 파악할 수 있다. 감정가는 보통 실제 시세보다는 10%정도 저렴하게 나오기 때문에 감정평가사가 평가한 감정가를 시세의 척도로 이용할 수 있다. 예를 들어 감정가가 4억 원인 물건이라면 평균적인 시세가 4억 4천만 원 근처라고 생각할 수 있다.
2. 같은 건물 내에 위치한 상가이고 거래량이 많다면 평균적인 거래 금액으로 시세를 판단할 수 있다. 같은 건물 내에 위치한 상가가 아니라면, 인근에 있는 크기와 위치

가 비슷한 상가를 기준으로 시세를 파악할 수도 있다. 다만, 같은 건물 내에 위치한 상가라도 층수나 약간의 위치의 변화에 따라서 접근성이 크게 차이날 수 있으므로 반드시 현장 답사가 필요하다.

독특한 형태였지만 상가와 주택이 구분이 잘 되어 있었고, 크기도 넓어서 두 가지 용도로 모두 사용하기에 손색이 없었기 때문에 이 물건에 입찰을 들어가면 좋겠다는 생각이 들었다. 권리분석을 해 보니 주택에 사는 세입자가 돈을 못 받고 나가기 때문에 명도에 어려움이 있을 것으로 예상됐지만 권리분석상 낙찰자가 인수해야 하는 부담은 없었다. 하지만 상가 물건은 관리비가 미납된 경우가 특히 많기 때문에 미납 관리비를 반드시 확인해야 한다.

관리사무소장을 만나기 위해서 관리사무소 문을 두드렸다. 보통 경매 물건 때문에 다녀가는 사람이 많기 때문에 빈손으로 가면 잘 알려 주지 않고 문전박대를 당하는 경우가 많다. 마침 차 안에 있던 비타500을 들고 관리사무소에 들어갔다.

"안녕하세요. 뭐 좀 궁금한 게 있어서 여쭤보러 왔어요."
"(경계) 무슨 일이십니까?"

외부인이 관리사무소에 방문하는 경우는 정해져 있기 때문에 어떤 일로 온 것인지 알고 있는 것 같았다. 이미 다른 사람들도 경매 물건에 미납 관리비가 얼만지 많이 물어보러 온 것 같아서 준비해 둔 비타500을 건네며 이런 저런 부분을 여쭤보았다. 마실 걸 건네자 경계심이 조금 풀어졌다. 꼭 뭔가 준비해야 하는 것은 아니지만 마음에 드는 물건이라면 미리 준비해서 많은 정보를 얻어가는 것도 좋다.

"여기 1층에 경매로 나온 상가 때문에 여쭤보러 왔어요."
"아 그 상가, 크게 문제는 없는데……."
"혹시 미납된 관리비가 있나요?"
"여기 상가는 쓰는 사람이 전기세, 가스비, 수도세 같은 거 다 알아서 내는 거라 따로 관리비가 없어."

다행히 미납된 관리비가 없었다. 대부분 적은 금액이라도 미납된 관리비가 있는 경우가 많은데 이번에는 운이 좋았다. 미납된 관리비는 법적으로 낙찰자가 인수해야 하는 부분은 없지만 보통 경매 나온 사람이 미납 관리비를 낼 수 있는 경우는 거의 없기 때문에 법적으로 청구를 하더라도 받기도 어렵고 비용만 들어간다. 따라서 미납된 관리비는 낙찰자가 인수해야 한다고 생각하면 편하다.

이제 주변을 둘러볼 차례다. 상가 임장에서 가장 중요한 부분이 바로 이 부분이다. 인터넷을 통한 조사와 인근 공인중개사를 통한 정보는 한계가 있기 마련이다. 잘못된 정보도 많고 자신들에게 유리한 정보만 전달하는 경우가 많기 때문이다. 그래서 상가 임장은 특히 직접 두 눈으로 확인을 해야 한다.

"코너 자리라 지나다니는 사람이 많은 편이네."

일단 코너 자리에 1층 상가라 유동인구가 많았다. 상가까지 도로도 잘
돼 있어서 차량으로 접근도 용이한 편이었다. 이런 물건이 3번이나 유찰
됐다는 게 의문이 들었다.

"내가 혹시 놓친 게 있나…."

주변을 돌며 상권을 확인했다. 인근은 아파트 단지와 다세대 빌라로 둘
러싸여 있었고 인근에 상가도 1층에는 비어 있는 곳이 없었다.

마지막으로 자동차로 주변을 2~3바퀴 돌면서 인근 지역을 확인했다.
많은 사람들이 이 부분을 간과하는 경우가 많다. 특히나 상가 임장의 경
우에는 꼭 자동차를 타고 주변을 확인하면서 골목골목을 들어가서 어느
지역의 상권이 발달했는지 확인하는 것이 필요하다.

자동차를 타고 돌아다니다 보니 위례 신도시로 이어지는 도로가 개설
중이었다. 위례 신도시 근처의 성남은 특히나 가격이 많이 상승하기 때문
에 이 물건에 입찰을 들어가기로 결정했다. 이렇게 주변 지역을 탐방하면
서 뜻하지 않은 호재를 발견하는 경우가 많다.

입찰 당일 법원에 들어가니 사람이 제법 많았다. 내가 들어가는 물건에
사람이 몰리지 않길 바라면서 입찰표를 작성했다. 경매는 항상 운이 작용

하기 때문에 법원에 사람이 많다고 마음이 조급해질 필요는 없다. 내가 권리분석하여 적절하다고 생각한 금액을 쓰는 것이 중요하다.

내가 들어간 물건이 호명됐다. 입찰자는 총 4명이다. 쉽지 않겠다는 생각이 들었다. 겉으로 보면 가치가 없는 물건이지만 속을 자세히 들여다보면 좋은 물건이었기 때문이다. 떨리는 마음으로 이름이 불리길 기다렸다. 결과는 최고가매수신고인으로 낙찰에 성공, 2등과는 천만 원 차이가 났다. 생각보다 차이가 컸다. 아마 권리분석을 제대로 하지 못한 것 같았다. 기분이 날아갈 것처럼 좋았지만 최대한 내색하지 않고 덤덤하게 앞으로 나가 서류를 작성했다. 차에 타자마자 기쁜 마음에 소리를 질렀다. 사무실로 가는 발걸음이 가벼웠다.

잔금을 빠르게 치르고 명도를 하기 위해서 상가 주인에게 연락을 했다. 주택의 경우 직접 찾아가면 주인을 만날 확률이 높아서 찾아가는 편이지만 상가의 경우 주인을 거의 만나기 어렵기 때문에 먼저 전화로 연락을 하는 것이 좋다.

"안녕하세요, 이번에 성남에 상가 낙찰받은 낙찰자입니다."
"네, 어쩐 일이시죠?"

말투가 생각보다 부드러웠다. 이미 상가에서 인테리어 가게를 접은 지 오래됐기 때문에 크게 신경 쓰지 않는 눈치였다. 이런 경우는 명도에 큰 어려움이 없다.

"상가 안을 보고 싶은데 비밀번호가 걸려 있어서요. 비밀번호 좀 알려 주세요."

간단한 개인정보를 물어보더니 확인이 끝났는지 비밀번호를 알려주었다. 감사하다는 말을 남기고 바로 비밀번호를 바꿨다. 안에 들어가 보니 폭도 넓고 길이도 깊었다. 생각했던 것보다 크기가 커서 만족스러웠다. 안에 탕비실과 화장실 등 필요한 시설이 완비돼 있었고 천장과 바닥 모두 깨끗했다. 인테리어 가게를 운영하셔서 관리가 잘돼 있었다. 속으로 쾌재를 불렀다.

이제 103호(주택 부분)을 방문할 차례다. 경매의 특성상 밖에서 집 안을 볼 수는 없기 때문에 내부 구조가 궁금했다. 하지만 그보다도 보증금을 못 받고 나가야 하는 세입자라서 걱정이 앞섰다. 세입자를 만나기 위해 문을 두드렸다.

"안녕하세요, 이번에 낙찰받은 낙찰자입니다."
"네, 안녕하세요."

다소 지친 기색으로 출산을 앞둔 만삭의 부인이 문을 열어 줬다. 살짝 당황하긴 했지만 침착하게 문 너머를 살펴보았다. 사실 상가를 절반으로 나눠 집으로 쓰고 있는 상황이라 크게 기대하지 않고 방 한 칸에 원룸 형식이라고 생각을 했었다. 그런데 실제로 안을 보니 방도 2개고 욕실과 주방도 잘 되어 있는 깔끔한 집이었다. 대박이라고 생각했지만 침착하게 세입자와 대화를 나눴다.

자기는 사실 이 집에 7천만 원의 보증금을 걸고 이사를 왔다고 한다. 세입자는 인근 중학교에서 근무하는 교사였다. 부동산에 대해서 잘 모르고 경매는 더욱 모르는 상황이라 이 집이 경매가 나오게 된 것을 알고 너무 당황했다고 한다. 그런데 법원을 통해서 7천만 원의 보증금을 한 푼도 받지 못하고 나가야 한다는 사실을 알게 되었고 하늘이 무너지는 느낌이었다고 했다. 세입자 입장에서는 너무 억울한 상황이었다.

이런 경우에는 침착하게 대응해야 한다. 어쩔 수 없다는 식의 반응보다는 세입자의 상황을 공감해 주고 왜 보증금을 받지 못하는지에 대해서 자세하게 설명해 주는 것이 좋다. 상황은 이러했다.

처음에 상가는 102호였다. 그런데 주인이 상가를 반으로 잘라서 반은 상가, 반은 집으로 만들면서 주택 부분을 용도 변경하여 집으로 만들었다. 이 과정에서 주택과 상가가 분리돼 있어야 하기 때문에 주택 부분은 102호가 아닌 103호로 등재를 했다.

문제는 세입자가 공인중개사무소에서 계약을 할 때 103호가 아닌 102호로 계약한 것이 문제였다. 공인중개사가 이러한 사정을 모르고 등기부를 확인하지 않은 채 계약서만 작성했고, 세입자도 부동산을 잘 몰라 그냥 계약을 한 것이었다. 결국 세입자는 공부상과 실주소가 다르게 계약을 하게 된 것이다. 너무 안타까운 상황이었다. 엎친 데 덮친 격으로 당시에 계약했던 공인중개사무소는 폐업해서 연락조차 되지 않는 상황이라 법적으로 다툴 여지도 없었다.

세입자에게 상황을 잘 설명해 주고 혹시 돈을 받을 수 있는 방법이 있는지 알아보겠다고 말하고 집으로 출발했다. 마음이 무거웠다. 권리 관계를 따져 보지 않고 무리하게 계약한 공인중개사의 잘못이 더 컸지만 꼼꼼하게 따져 보지 못한 세입자의 잘못도 있었다.

결국 세입자는 출산을 앞둔 상황이라 보증금을 포기하고 친정으로 이사했다. 상가로도 손색없고 주택으로도 손색없는 물건을 1억 중반에 저렴하게 받은 사례로, 상가는 특히 꼼꼼한 임장이 필요하다는 것을 명심하시길 바란다.

복마마 TIP ⓢ

좋은 상가 구별하는 방법

1. 상가는 다양한 용도로 사용할 수 있어야 가치가 높다. 예를 들면 1층에 편의점을 할 수 있는 상가는 보통 유동 인구가 많은 곳에 위치하기 때문에 식당도 할 수 있고 다양한 업종이 들어올 수 있다. 반면 상대적으로 주거지역 안에 파묻혀 있어서 식당을 하기에는 애매하고 세탁소로 운영하는 것이 낫다고 판단이 드는 상가가 있다. 이 경우 용도가 제한되기 때문에 상대적으로 가치가 떨어진다고 볼 수 있다. 따라서 상가를 볼 때 이 자리에 어떤 업종이 들어올 수 있는지 따져 보는 것이 중요하다.
2. 관리비를 철저하게 분석해야 한다. 상가는 주택에 비해 관리비가 상대적으로 비싸고 공실의 가능성도 늘 염두에 두어야 한다. 공실이 나면 관리비는 모두 낙찰자의 몫이다. 또한 공실이 된 지 오래된 상가는 미납 관리비가 많이 나올 수 있으므로 입찰 전에 이 부분 역시 꼭 점검해야 한다.

● 들어간 비용 & 최종 수익률 계산

매일옥션 무료전문가상담 1599-2646
신뢰에 보답하는 법원 경매 전문

해당물건 상담신청

2012타경 18820 수원지방법원 성남지원   매각기일 : 2013.08.26(월) 10:00,10:00   **경매4계**

소재지	경기도 성남시 수정구				대법원바로가기
물건종류	근린상가	채권자	강제경매	입찰방법	기일입찰
경매대상	토지 및 건물일괄매각	채무자		사건접수일	2012.11.27
토지면적	33.71㎡(10.20평)	소유자		개시결정일	2012.11.28
건물면적	80.24㎡(24.27평)	감정가	330,000,000	배당종기일	2013.01.29
경매종류	부동산강제경매	최저가	(41%)135,168,000원	말소기준권리	2002.11.05
청구금액	23,800,000원	입찰보증금	(10%)13,516,800원	입찰일	2013.08.26(월) 10:00,10:00

🗓 진행과정

접수일	구분	일자
1일	사건접수일	2012.11.27
2일	개시결정일	2012.11.28
64일	배당종기일	2013.01.29
147일	최초경매일	2013.04.22

🗓 매각과정

접수일	회차	입찰기일	최저가	비율	상태
146일	1	2013-04-22	330,000,000	100%	유찰
181일	2	2013-05-27	264,000,000	80%	유찰
209일	3	2013-06-24	211,200,000	64%	유찰
237일	4	2013-07-22	168,960,000	51%	유찰
272일	5	2013-08-26	135,168,000	41%	매각
매각		매각가 171,370,000 (52%)			

🗓 임차인현황 [말소기준권리 : 2002.11.05.(근저당권),배당요구종기 : 2013/01/29]

현황조사   매각물건명세서

임차인	용도/점유	전입일자	확정일자	배당요구일	보증금/월세	대항력	비고
다○○○○○	미상	미상	미상		미상 [월]미상		
임○○	1층 방3칸	2013.02.28.	2011.02.25.	2012.12.10	70,000,000	X	
현황조사서 기타	현황대상장소는 100호를 2개의 점포 및 주택으로 구분이어져 있으며 임차인 면담 및 동사무소에서 전입세대 열람내역서 및 등본을 발급받아 첨부함. 세무서에 등록사항등 현황서 제공을 요청한바 대상 임차인 없음.						

● 들어간 비용

낙찰가	1억 7137만 원
취등록세	857만 원
이사비용	100만 원
총 지출	1억 8094만 원
경락잔금대출	1억 3700만 원 (80%)
주거부분 전세	8천만 원
상가부분 보증금	1천만 원
총 수익	0원(+4606만 원 현금 확보)

● 매매 후 수익

이자	96개월 × 45만 원 = 4320만 원
시세차익	5억 원 - 1억 8094만 원 = 3억 1906만 원
총 매매수익	3억 1906만 원-4320만 원 =2억 7586만 원

● 1년 월세 임대수익

연이율(4%)	1억 3700만 원 대출 → 이자 45만 원
임대수익	보증금 1천만 원 / 월세 100만 원
1년간 임대수익	12개월 × [100만 원(월세) - 45만 원(이자)] = 660만 원

임장, 어떻게 해야 할까?

임장의 사전적 의미는 "어떤 일이나 문제가 일어난 현장에 나간다."라는 뜻이다. 쉽게 말해 현장조사나 부동산 답사를 다니는 것을 업계에선 임장 활동이라고 표현한다.

요즘은 인터넷이 발달하면서 임장의 중요성을 무시하는 사람들이 생겼다. 클릭 몇 번이면 정보를 다 알 수 있는데 힘들게 시간투자를 하기 싫다는 것이다. 물론 인터넷으로 많은 정보를 볼 수 있다. 나도 임장가기 전에 인터넷과 전화를 통한 사전조사를 꼭 하라고 강조하는 편이다. 그러나 그것으로 끝나서는 안 된다.

인터넷으로 조사한 시세로 충분한 수익이 나지 않을 것 같거나 자신이 감당하기 어려운 문제가 발견되고 특별한 메리트가 없다면, 굳이 발품을 팔 이유가 없다. 그러나 인터넷과 전화로 조사한 결과가 만족스럽다면, 무조건 발품을 팔아야 한다.

부동산 경매 2천만 원으로 복마마 따라잡기

그렇다면, 도대체 뭘 조사하고 뭘 판단해야 할까?

관심이 가는 물건이 있다면 일단 지도부터 확인해 보자.

지도를 확대/축소하면서 해당 물건이 있는 지역의 규모, 편의시설, 학교와 병원 그리고 인접한 도로와 대중교통 상태를 살펴본다.

전자지도를 통해 정보를 얻고 위성지도를 통해 전체적인 상황도 살펴보는 것을 추천한다.

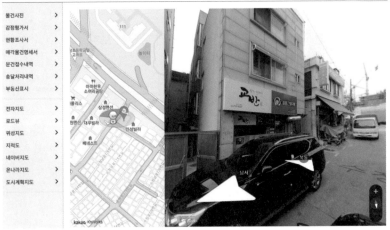

위성지도로 동네의 녹지비율 등의 전반적인 부분을 살필 수는 있지만, 동네 느낌을 모두 살피기에는 부족하다. 이럴 때 로드뷰를 통하여 건물의 외관 등을 보고 동네 분위기를 파악하는 것도 좋다.

● KB부동산

KB부동산에 들어가 검색하면, 실거래가를 조회할 수 있다. 이를 통해 원하는 물건과 그 주변의 시세를 파악한다. 이렇게 대략적인 금액을 파악한 뒤에는, 실제 부동산 중개업소를 통해 추가적인 조사를 해야 한다.

투자경험이 쌓이면서 오히려 소홀하게 되고, 실수가 많아지는 부분 중하나가 시세 조사이다. 초보 때는 직접 방문도 해 보고 통화도 해 보면서 본인에게 맞는 스타일을 찾는 것을 추천한다. 나는 방문보다 통화를 선호하는 편이다. 그 편이 더 친절하고 정확한 정보를 얻기도 쉽고, 서로 시간도 아끼는 win-win전략이기 때문이다.

중개업소를 통한 조사는 최소 2곳 이상에서 조사해야 한다. 매도가격과 매수가격의 차이가 의외로 큰 편이므로 두 경우의 가격을 모두 확인해야 할 뿐더러, 지방으로 갈수록 전세가와 월세가의 차이가 많이 난다. 그러므로 정확한 확인을 위해 각각 다른 부동산 중개업소를 통해 알아보는 것을 추천한다.

사람에 따라선 지역 커뮤니티 등을 통해 정보를 찾기도 한다. 그러나 대부분의 지역 커뮤니티는 외부인에게 내용을 공개하지 않을뿐더러, 그 커뮤니티를 사용하는 특정 연령층의 의견만 반영된 경우가 많다. 노력 대비 정보의 질이 좋은 편은 아니어서 추천하지 않는다.

열심히 조사를 하고 나면, 그 물건에 대해 잘 아는 듯한 기분이 든다. 그러나 입찰 여부를 벌써 결정하면 안 된다.

해당 물건에서 바라본 조망권이 어떨지 예상이 되는가?
햇볕은 아침부터 저녁까지 잘 들어오는가?
관리비는 얼마인가? 연체되지는 않았는가?
주차하기는 수월한가?

지금까지 찾아본 정보로는 위 질문들에 명쾌한 답을 내놓기 어려울 것이다. 추측할 만한 정보가 있는 경우도 있지만, 현실과 동일할 수는 없기 때문이다. 그렇지만 집값에 영향을 주는 정보들이므로 최대한 파악해야 한다.

현장으로 임장가는 것을 부담스러워 할 필요는 없다. 놀러가는 기분으로 물건 주변을 구경한다고 생각하면 된다. 다만 사람은 자신이 관심을 가진 것을 볼 때 긍정적으로 평가하는 경향이 있다. 따라서 임장갈 때도 혼자 가기보다는 지인 두세 명과 함께 가는 것을 추천한다. 같이 둘러보고, 장단점을 이야기하는 시간을 가지면 좀 더 좋은 판단을 할 수 있을 것이다.

(1) 건물

건물에 문제가 생기는 경우는 대부분 노후로 인한 것이지만, 신축건물이라고 안전한 것은 아니다. 빌라의 경우 비교적 부실공사가 많은 편이기도 하고, 사고로 인해 생긴 문제를 방치해 놓았을 경우도 있다.

외관은 깔끔하더라도, 건물 복도까지는 볼 수 있도록 해야 한다. 쉬운 일은 아니지만, 가능하면 같은 건물에 위치한 집 중 한 곳이라도 내부를 볼 수 있다면 좋다.

벽에 금이 가지는 않았는지, 물자국이나 곰팡이는 없는지, 도시가스와 수도가 잘 들어오는지, 채광에는 문제가 없는지 등을 다각도로 살펴보는 것이 좋다.

만약 건물에 문제가 있다면 입찰을 조심하는 게 좋다. 건물의 옥상과 외벽 등 전체 수리를 위해 다른 세대의 협조를 받는 것도 쉽지 않을뿐더러, 누수와 곰팡이가 심한 건물의 저층의 경우, 수리 이후에도 재하자가 발생할 수 있기 때문이다.

군이 그런 위험을 감수하지 않아도, 우리에게는 많은 기회가 있으니 아쉬워할 필요가 없다.

(2) 환경

평일 저녁에 갔다면 주차장을 잘 살펴보자. 주차장이 넓어 보여도 주차 공간이 모자란 곳이 있을 수 있다. 특히 지방일수록, 가족 모두가 자신의 차를 갖고 있는 경우가 많아 수도권보다 주차난이 더 심하기도 하다.

또한 동네를 찬찬히 돌아보는 것 역시 추천한다. 로드맵으로 한 번 살펴보았지만, 실제로 걸어 보는 것과는 또 다르다. 주위에 유해시설은 없는지 확인해야 하고 실제로 걸어서 버스정류장이나 지하철까지 얼마나 걸리는지도 확인하는 것이 좋다. 어떤 연령층이 거주하는지도 체크할 요소다. 주로 거주하는 연령층에 따라 상권도 바뀌고 입지 수요도 변하기 때문이다.

(3) 비용

관리사무소가 있다면 무조건 방문하자. 우리를 상대하는 건 그분들의 업무가 아니니 음료나 과일을 사들고 가는 센스를 발휘하는 것이 좋다.

관리비가 어느 정도 되는지, 연체된 관리비는 얼마인지 등은 꼭 물어봐야 한다. 친화력이 좋다면 건물이 괜찮은지 현재 점유자가 어떤 사람인지에 대한 정보도 얻을 수 있다.

각 건물별로 매달 부과되는 관리비의 차이가 은근히 크기 때문에 필수로 확인하여 입찰가에 반영하여야 한다. 관리비가 너무 높으면 세입자를 구하고 월세 가격을 올리는 것이 어려워진다.

전기요금, 가스요금, 수도요금의 연체에 대해서는 걱정할 필요 없다. 낙찰 이후 등기부등본을 갖고 방문하게 되면 이전에 발생한 요금에 대해서는 손비처리가 가능하기 때문이다.

임장 사례 - 임장만 제대로 해도
폭탄은 피한다

매일옥션	무료전문가상담 1599-2646				해당물건 상담신청

신뢰에 보답하는 법원 경매 전문

2020타경13073	수원지방법원	매각기일 : 2021.04.09(금) 10:30	경매13계

소재지	경기도 용인시				대법원바로가기
물건종류	다가구(원룸등)	채권자	김OO외 1명 강제경매	입찰방법	기일입찰
경매대상	토지 및 건물일괄매각	채무자	이OO	사건접수일	2020.07.08
토지면적	253.80㎡(76.77평)	소유자	이OO	개시결정일	2020.07.09
건물면적	377.47㎡(114.18평)	감정가	1,058,711,680	배당종기일	2020.09.22
경매종류	부동산강제경매	최저가	(49%)518,769,000원	말소기준권리	2013.07.24
청구금액	123,471,780원	입찰보증금	(10%)51,876,900원	입찰일	2021.04.09(금) 10:30

📷 물건사진

진행과정				매각과정					
접수일	구분	일자		접수일	회차	입찰기일	최저가	비율	상태
1일	사건접수일	2020.07.08		162일	1	2020-12-17	1,058,711,680	100%	변경
2일	개시결정일	2020.07.09		204일	2	2021-01-28	1,058,711,680	100%	유찰
77일	배당종기일	2020.09.22		245일	3	2021-03-10	741,098,000	70%	유찰
163일	최초경매일	2020.12.17		275일	4	2021-04-09	518,769,000	49%	매각
				매각		매각가 723,999,990 (68%)			

뭐든지 그렇지만 경매도 마음이 해이해지는 것을 가장 경계해야 한다. 그동안 잘해 왔으니까, 잘 아는 지역이니까 적당히 하다 보면 어느 순간 말도 안 되는 실수를 하기 마련이다.

용인시 기흥구는 내가 잘 아는 지역이다. 그러니 그곳에 나온 물건의 가치도 어렵지 않게 짐작 가능하다. 영덕동에 나온 다가구는 시세에 비해 괜찮은 가격에 나온 경우였다. 마침 한 번 유찰도 됐고 권리분석상 문제도 없었기에 명도를 다녀오기로 했다.

멀지 않은 거리기에, 퇴근길에 들렀다. 지은 지 얼마 안 된 신축건물이기에 외관은 깔끔했다. 생각대로 위치도 좋고 주변 환경도 좋았다. 세주기 좋은, 딱 적당한 다가구 주택이었다.

건물의 외관도 중요하지만, 더욱 중요한 것은 내부이다. 특히 다가구 주택을 낙찰받을 경우, 기존 세입자를 모두 내보내고 건물 전체를 수리해야 할 경우도 있다. 그 시간 동안 수익이 나지 않음은 물론, 수리비가 추가로 드는 만큼 모든 건물은 신중하게 살펴봐야 한다.

임장을 갔을 때 현관은 잠겨 있었다. 점유자가 싫어하더라도, 만약을 위해 감수해야 하는 부분들이 있다. 현관 옆의 벨을 눌렀다. 한참을 기다리고 다시 눌러 보았지만 묵묵부답이었다.

'혹시 이전에 경매 관련으로 방문한 사람이 많아서 초인종을 끊어놨나?'

어쩔 수 없이 돌아가야 했다. 건물 내부를 보기 위해 밤까지 기다리기에는 너무 불확실한 일이다.

평일 저녁에 방문했다 허탕을 쳤으니, 다음에는 주말 낮에 방문했다. 이번에도 역시나 초인종을 눌러도 아무런 반응이 없었다. 근처 편의점에 앉아 사람이 오기를 기다리기 시작했다.

생각보다 오래 걸리지는 않았다. 30분 정도 흐르자, 안에서 어떤 남자가 나오는 것이 보였다. 놓치기 전에 바로 달려 나갔다.

"안녕하세요!"
"네? 아, 안녕하세요."

간단하게 인사를 나누고 사정을 설명했다. 남자는 다행히 집주인이 아니라 세 들어 사는 사람으로, 생각보다 경매자에게 적대적이지 않았다.

남자의 동행하에, 건물의 계단과 복도를 살펴볼 수 있었다. 1층 밖에서는 보이지 않던 얼룩이 보였다. 다가가 보니, 물이 새는지 천장 모서리를 따라 물 얼룩이 짙게 남아 있었다.

"집이 습한가 봐요."

"뭐 그냥… 평범해요."

세입자의 이야기를 통하여 거주 상태에 대한 정보를 얻고 싶었지만, 그 부분은 여의치 않을 듯했다. 남자는 대충 대꾸하며 핸드폰만을 바라보고 있었다.

천장의 물 얼룩은 한 곳이 아니라 전체적으로 퍼져 있었다. 장마철 잠깐이 아니라 지속적으로 물이 새고 있을 가능성이 큰 것이다.

시선을 조금 내리자 또 다른 것이 보였다. 복도의 벽에 실금이 가 있는 것이다. 벽에 갈라진 곳 역시 곳곳에 보였다. 이 건물을 낙찰받는다면 1층은 확실히 전체적인 수리를 해야 할 듯싶었다.

"위층도 봐도 괜찮죠?"

"네, 둘러보세요."

약간의 희망을 갖고 천천히 계단을 올랐다. 그러나 아쉽게도 2층, 3층, 4층 모두 층층이 물이 고였던 흔적이 보이고 벽의 갈라짐도 있었다. 집 안은 볼 수 없으나, 복도가 이렇다면 누수나 곰팡이가 심각할 가능성이 높았다.

건물의 감정가는 10억 원이었고, 두 번 유찰되어 5억 원에 입찰 가능했지만 그 돈으로 사기에는 고려해야 할 문제들이 너무 많았다. 건물 전체에 보수공사가 들어가야 했는데 그 시간과 돈을 들이기에는 매력적이지 않은 가격이다.

그 건물은 결국, 입찰하지 않기로 결정했다. 좋은 위치에 적당한 건물이었지만 추가적으로 들어갈 비용과 시간을 생각하면 더 좋은 물건을 찾을 수 있을 것이다.

직접 임장을 가는 이유는 인터넷에서는 파악할 수 없는 정보를 얻기 위해서이다. 현관이 잠겨 있는 다가구 주택 같은 경우 앞에서 대충 외관만 보고 파악하게 되는데, 할 수 있다면 그 안까지 들어가 보는 것이 좋다. 외관이 멀쩡해도 문제가 있는 건물은 의외로 많다.

7장

입찰 준비부터
낙찰까지

실전 사례 - 경매를 잘 아는 집주인

유난히 집중이 안 되는 날이 있다. 그날이 그런 날이었다. 이럴 때는 좀 가벼운 내용을 살펴보는 것도 방법이다. 잘 아는 지역에 나온 매물만을 훑어보는 것이다.

내가 살아온 동네에 나온 경매를 보면 어디에 위치한 어떤 건물인지 아는 것들이다. 그러면 내용이 좀 더 직관적으로 보이기 때문에 집중이 안 될 때 한 번쯤 동네 매물을 살펴보는 편이다.

그러던 중 빌라 하나가 눈에 띄었다. 지역에서 꽤 크게 이슈가 되었던 곳이다. 당시 장군 한 명이 퇴역하면서 그 금액으로 분당에 땅을 사서, 이름 있는 건설업체와 함께 고급 빌라 2동을 지었었다. 분당이라는 지역이 상승세이기도 하고, 건물도 괜찮아 당시 분양상담까지 받았던 곳이다.

이 정도 물건이면 조금 돈이 많이 들어도 괜찮지. 만족스레 고개를 끄덕이며 물건을 살펴보는데 눈에 걸리는 것이 있었다. 감정평가서에 방이 3개, 화장실이 2개로 나와 있던 것이다. 내가 알기로는 이곳에 화장실은 하나였다. 건축 시 신고한 설계도면을 그대로 사용하기 때문에, 감정평가서에 맞지 않은 정보가 기입되어 있는 경우도 있다.

잔금을 치르기 전에는 일반적으로 집 안을 보기가 어렵다. 그래서 감정평가서와 외부자료들만을 가지고 판단하고는 하는데, 등기가 끝난 후에는 감정평가서와 실제 건물의 차이를 발견하더라도 대응할 수 있는 방법이 없다. 따라서 집 안을 볼 수 있는 방법이 있다면 최대한 살펴보는 것이 좋다.

이 부분은 추후 확인해 보기로 하고 바로 권리분석에 들어갔다. 등기부등본을 떼 보자 의외의 내용이 나왔다. 2-3년 전에 이미 한 번 경매로 나왔던 집인 것이다. 날짜를 보아 하니, 한창 분양하던 시기와 크게 차이 나지 않았다.

알고 보니, 생각보다 기간이 길어지면서 자금의 압박이 있었던 듯하다. 그래서 분양되지 않고 그 퇴역장군이 갖고 있던 집들이 경매에 한 번 나왔던 것이다. 그 물건들 중 하나가 낙찰받았던 사람의 사정으로 다시 한 번 경매에 나온 것이다.

건물에 문제는 전혀 없었고, 그 호실에 문제가 생기기에도 너무 짧은 기간이다. 간단한 보수 외에 손볼 곳도 없을 가능성이 높았다. 거래 이후 들어갈 돈도 계산할 필요 없는 깔끔한 물건이다. 하나 걸리는 것은 감정평가서의 내용이 다르다는 건데, 화장실이 하나더라도 나쁜 물건은 아니었다.

바로 부동산에 전화를 했다. 그 물건이 아니더라도 같은 라인의 집 안으로 들어가 보면 알 수 있는 것들이 많기 때문에, 찾아가 볼 생각이었다.

"안녕하세요, ○○ 쪽으로 이사하려고 집을 알아보고 있는데요. 혹시 신축 빌라 중에 괜찮은 곳 있나요?"

특정 건물을 콕 집어 말하는 경우는 아파트가 아니고서야 드물다. 대부분의 빌라나 원룸은 그 지역에 있는 비슷한 건물부터 찾아 들어가는 게 전형적이다.

"아 그 지역에 신축 빌라가⋯."

중개소 사장님과 대화를 하며, 경매에 나온 빌라로 의견을 좁혀 갔다. 얼마 안 되어, 내가 노리고 있는 빌라 이름이 나왔다.

"마침 원하시는 평형대가 있네요. 여기가 ○층인데⋯."

그런데 느낌이 묘했다. 내가 노리는 그 물건과 너무 조건이 똑같았다. 퇴근길에 그 집을 들어가 보기로 하고 전화를 끊었다. 경매에 나온 물건이, 매매로도 나왔다. 확신이 들었다.

결론부터 말하자면, 내 예감이 맞았다. 이미 경매가 진행 중인 물건이지만, 실제 매매로도 내놓은 상태였다. 그리고 아쉽게도, 화장실은 하나였다. 내가 알던 사실이 맞았다. 아쉽지만, 문제가 될 일은 아니었다. 화장실이 2개가 아닌 1개더라도 충분히 매력 있는 집이다.

단점은 2가지다. 감정평가서에 화장실 2개로 표시되어 있으니 다른 사람들이 그 경우를 상정하여 높은 가격을 쓸 거라는 아쉬움과, 경매에 2번이나 나오면 매매 시 안 좋은 이미지가 생길 수 있다는 것이다. 경매로 받았다고 무슨 문제가 있는 것도 아닌데, 지저분한 내용이 많아져서일까, 선입견을 갖고 보는 사람들이 있기 마련이다.

마침 물건에 걸린 대출도 감정가와 비슷한 금액이었다. 꽤 인기 있을 법한 곳이라 집주인을 만나 직접 매매로 구입하고 경매를 취하하기로 결정했다.

그러나 집주인의 태도는 조금 달랐다. 경매에 직접 참가해서 낙찰받을 거라며 내 제안을 거절한 것이다. 두어 번 찾아가 꽤 높은 금액을 제시했지만, 집주인을 만족시키는 금액은 아니었는지 역시 거절당했다. 어쩔 수 없이 경매로 사야 할 상황이 된 것이다.

경매에 참가한 사람은 생각보다는 적었다. 총 5명이 들어왔고, 그 중에는 집주인의 아내도 있었다. 서로 안면을 트고 있었지만 살갑게 인사할 관계는 아니었기에 가볍게 눈인사만을 나누었다.

결과를 먼저 말하자면, 내가 낙찰받았다. 2등인 집주인과 무려 1,200만 원 차이의 금액이었다.

"1000만 원 적게 써도 200만 원 차이로 받아가는 건데…."

사람 심리라는 게, 아무리 고민하고 그 돈을 내기로 마음먹었어도 2등의 가격을 들으면 거기에 흔들릴 수밖에 없다. 나도 사람인지라 천만 원이 아까워 속이 쓰렸지만 별 수 없었다.

낙찰을 꼭 받아야 하는 물건, 나중에 매매로 살 수 없는 물건은 경매로 사더라도 화끈하게 질러야 한다. 그래야 그 물건을 내 것으로 만들 수 있고 다음을 생각할 수 있다.

경매니 싸게 사야 한다는 생각에 돈을 소극적으로 쓴다면 진짜 좋은 물건은 놓칠 수밖에 없다. 돈을 쓸 때와 아낄 때를 구분할 줄 알아야 돈이 사람을 따른다.

집주인 아내는 어느새 사라져 있었다. 낙찰받을 생각으로 왔다가 이렇게 되니 막막해지기 마련이라, 오늘은 일단 집으로 돌아가기로 했다.

이번 집주인은 충격이 조금 클 것 같아 시간을 여유롭게 두고 찾아갔다. 조금 어두워진 안색의 주인과 다시 카페에서 만나 이야기를 나눴다.

"어쩔 수 없죠. 처음에도 이 집을 경매로 샀던 거라, 이번에도 그렇게 하려 했는데…."

사연 없는 무덤이 어디 있겠냐 하지만, 경매만큼 많은 사연이 있는 일도 드물다. 어느 정도 경매를 아시는 분이어서 다시 경매로 받아 갈 생각을 했었지만, 나처럼 계속해서 경매 현장이 있는 사람이 아니라 감이 떨어진 것이다.

"말씀대로 차라리 파는 게 나았을 뻔했네요."

내가 낙찰받은 금액은, 매매를 제안하며 말한 금액보다 적은 금액이었다. 어차피 그 집에서 살지 못할 거라면 처음 제안대로 매매하는 것이 돈이라도 더 이득인 상황이니 씁쓸할 만했다

"대신에 이사 비용에 보태시라고 좀 쥐어드릴게요."
"그래 주시면야 감사하죠. 집은… 저희도 이사 갈 집을 급하게 찾는 중이라 바로는 어렵지만 계약되는 대로 나가겠습니다."

오히려 경매를 잘 아시는 분이셔서 명도에 어려움은 없었다. 다만 '계약되는 대로'라는 말은 상황에 따라 언제로 미뤄져도 이상할 것 없는 약속이

니 그대로 믿을 수는 없다.

구하지 못하더라도, 다음 달까지는 집을 비우고 이사 나가는 날 150만 원을 주기로 하고 헤어졌다. 4년 후, 집의 시세는 낙찰가의 2배가 넘었다.

● 들어간 비용 & 최종 수익률 계산

▶ 검색조건   법원 : 성남지원 | 사건번호 :

사건내역			🖨 인쇄	〈 이전

⬤ 사건기본내역

사건번호		사건명	부동산임의경매
접수일자	2013.11.11	개시결정일자	2013.11.13
담당계	경매2계 전화 : (031)737-1322(구내:1322) (경매절차 관련 문의) 집행관사무소 전화 : 031-734-7007 (입찰 관련 문의) (민사집행법 제90조, 제268조 및 부동산등에 대한 경매절차 처리지침 제53조제1항에 따라, 경매절차의 이해관계인이 아닌 일반인에게는 법원경매정보 홈페이지에 기재된 내용 외에는 정보의 제공이 제한될 수 있습니다.)		
청구금액	155,465,736원	사건항고/정지여부	
종국결과	배당종결	종국일자	2014.09.04
송달료,보관금 잔액조회	▶ 잔액조회		

● 들어간 비용

낙찰가	2억 1737만 원
취등록세	280만 원
총 지출	2억 2017만 원
경락잔금대출	1억 5200만 원(70%)
전세	1억 2000만 원
실투자금	0원(+5183만 원 현금 확보)

● 매매 후 수익

이자	84개월 × 50만 원 = 4200만 원
시세차익	4억 1천만 원 - 2억 2017만 원
	= 1억 9000만 원
총 매매수익	1억 9000만 원 - 4200만 원
	= 1억 4800만 원

● 1년 월세 임대수익

연이율(4%)	1억 5200만 원 대출 → 이자 50만 원
임대수익	보증금 1000만 원 / 월세 80만 원
1년간 임대수익	12개월 × [80만 원(월세) - 50만 원(이자)]
	= 360만 원

법원경매 입찰 방법

전국의 법원이 같은 시간에 개찰을 하는 것은 아니지만, 10시 이전까지는 법원에 방문하여 입찰표와 입찰봉투를 받고 여유롭게 입찰을 하길 권한다. 일반적으로 입찰 마감시간은 11:00~12:00이며 입찰이 완료되고 개찰을 진행할 때, 경매법정에 있지 않으면 내가 최고가 매수인이어도 낙찰이 되지 않으니, 반드시 입찰 마감시간을 확인하여 20분 전에는 경매법정에서 기다리는 것이 좋다. 그럼 지금부터 실전 경매방법을 알아보자.

여유롭게 늦어도 10시쯤에는 법원에 도착하길 권장한다. 법원에 도착하면 우선 내가 입찰할 물건이 진행되는지 일정이 변경되었는지 확인부터 하고 입찰표 작성을 시작한다.

경매 법정 앞의 게시판에서 진행되는 물건의 사건번호와 일정 변경 등의 내용이 있으니 참고하면 된다. 또한 게시판에는 강제집행으로 인해 창고에 보관 중인 TV나 가구 등과 같은 동산 물건에 대한 경매 정보도 볼 수 있으니 참고하면 좋다.

경매 당일 날 일정이 변경되는 경우도 많이 있으니 반드시 확인해야 한다. 오늘 진행하는 물건으로 확인이 되었다면 경매법정 안으로 들어가서 기일입찰표, 입찰봉투, 보증금 봉투 총 3가지 용지를 받도록 하자. 기일입찰표와 입찰봉투, 보증금 봉투를 모두 작성한 뒤 입찰봉투에 기일입찰표와 보증금 봉투를 넣고 제출하면 입찰이 끝나게 된다.

차순위 매수신고와
공유자 우선매수 청구권

경매 법정에 가서 입찰이 끝난 후 개찰을 할 때, 판사는 2가지 경매제도를 설명해 준다. 바로 '차순위 매수신고와 공유자 우선매수 청구권'이다 예시를 통해 하나씩 알아보자.

(1) 공유자 우선매수 청구권
- 부동산 공유자에게 나머지 지분을 매수할 수 있는 우선권을 주는 제도
- 공유자는 **최고 매수신고가격**에 해당 지분을 인수할 수 있음
- 단, 공유자는 **입찰일에 법원에 참석**하여 권리를 행사할 수 있음

공유자 우선매수권이 있는 물건은 입찰자가 적어서 유찰이 많이 되는 경우가 많다. 만약 내가 입찰에 참여해서 낙찰을 받더라도 공유자가 권리를 행사한다면 내가 받은 낙찰은 무효가 되기 때문이다.

(2) 차순위 매수신고

- 최고입찰가와 **비교**하여 **보증금(10%) 이하**로 입찰가격이 차이가 날 때 신고 가능
- 최고가 매수신고인인 낙찰자가 잔금을 미납했을 경우 차순위 매수신고인이 해당 물건의 낙찰자가 될 수 있음

Ex. 감정가 10억 원 물건이 1회 유찰되어, 8억 원(80%)에 진행된다고 가정했을 때, 다음과 같은 입찰결과가 나왔다.

1등 철수: 9억 5천만 원

2등 영희: 9억 원

3등 길동: 8억 5천만 원

차순위 매수신고인은 쉽게 말해 2등으로 입찰한 사람이라고 생각하면 이해하기 쉽다. 단, 최고입찰가와 비교해서 가격의 차이가 보증금보다 적어야 한다. 차순위 매수신고를 한 경우 보증금은 그 자리에서 바로 돌려받지 않고 낙찰자가 잔금을 납부했을 때 돌려받게 된다. 그래서 차순위 매수신고는 해당 물건이 간절하게 필요한 사람만 신청하므로 대부분의 경우에는 차순위 매수신고는 잘 하지 않는 편이다.

해당 사건의 보증금은 **8천만 원(8억 원의 10%)**이다. 2등을 한 영희는 1등 철수와 **5천만 원 차이**가 나므로 차순위 매수신고를 **할 수 있고**, 길동이는 1등과 **1억 원 차이**가 나므로 차순위 신고를 **할 수 없다**.

매각불허가 사유 - 낙찰 취소

사실 제삼자 입장에서는 매각불허가 사유를 정확하게 알 수는 없다. 그러나 정황을 따져 보고 예상은 할 수 있다. 일반적으로 재매각이 되는 경우에는 조금 더 저렴한 가격으로 낙찰을 받을 수 있기 때문에 한번 그 사유에 대해 알아보는 시간을 갖도록 하자.

매각기일----------->매각결정기일------------->매각확정기일
　　(1주)　　　　매각허가 or 매각불허가　　　(1주)

● **매각불허가 사유 6가지**

1) 강제집행을 허가할 수 없는 경우거나, 강제집행을 계속해서 진행할 수 없는 경우

　- 강제집행을 허가할 수 없는 때: 부동산 경매신청의 흠결, 송달의 하

자, 경매 대상 부동산의 누락

- 강제집행을 계속 진행할 수 없는 경우: 부동산 경매의 집행을 정지할 만한 사유가 있는 경우, 경매를 취하하는 경우, 경매개시 결정 또는 매각기일을 이해관계인에게 통보하지 않는 경우

2) 최고가 매수신고인이 부동산을 매수할 자격 또는 능력이 없는 경우
- 미성년자 등 법적행위가 무효인 경우
- 채무자가 최고가 매수신고인이 됐을 때
- 해당 경매물건을 낙찰받았다가 잔금을 납부하지 않고 다시 낙찰을 받은 경우
- 농지취득자격증명원을 발급받을 수 없는 경우

3) 입찰에 참여한 사람이 아래의 행위를 한 경우
- 부동산 경매와 관련하여 타인의 매수신청을 방해한 사람
- 경매입찰 시 담합한 사람
- 정상적인 매각을 방해한 사람

4) 최저매각가격의 결정, 일괄매각의 결정 또는 매각물건명세서의 작성에 하자가 있는 경우
- 기재누락, 착오, 실면적과 차이, 감정평가 하자, 선순의 임차인 내역 누락, 매각물건명세서 누락

5) 천재지변 등 책임을 질 수 없는 이유로 부동산이 현저하게 훼손 되거

나, 혹은 부동산에 관해 중대한 권리관계가 변동된 사실이 부동산경
매 절차 진행 중 밝혀진 경우

6) 경매절차상에 그 밖의 중대한 잘못이 발생한 경우

경매로 낙찰받은 물건이 매각불허가 사유로 취하되는 경우가 종종 있
다. 처음에는 속상하고 억울하다는 생각도 들 수 있다. 하지만 경매 물건
은 매일 새로 나오지 않는가?

해당 물건은 인연이 아니었다고 생각하고 빨리 잊어버리는 게 좋다. 낙
찰받은 물건보다 더 좋은 물건이 여러분을 기다리고 있을 것이다.

8장

낙찰받고
내 집이
되기까지

실전 사례 - 유치권, 알고 나면
무섭지 않다

아침부터 비가 쏟아졌다. 장마가 길어지니 몸도 축축 처지고, 어딘가를 나가기에도 적당하지 않았다. 그날 있던 미팅 약속도 모두 취소됐고, 외부 업무를 하기엔 날이 너무 궂었다.

이런 날은 무언가 하지 않으면 사람이 늘어지기 마련이다. 컴퓨터 앞에 앉아 물건 검색을 하기 시작했다. 어느 지역에 어떤 종류의 물건이 많이 풀리기 시작하는지, 지금 인기 있는 지역은 어디인지, 유난히 좋은 물건이 나온 게 있는지 보다 보면 시간도 흐르고 경매 물건을 보는 감각도 유지할 수 있다.

그러던 중 특이한 물건을 하나 발견했다. 인기 있을 법한 조건인데 3번이나 유찰된 아파트가 있는 것이다. 물건이 위치한 의왕시 내손동은 전반적인 인프라도 좋고, 교육환경도 잘 갖추어져 있어 의왕시에서 선호도 높은 지역으로 꼽히는 곳이다. 그곳의 아파트 중 최근에 지어진 브랜드 아파트가 경매에 나온 것이다.

감정가가 8억 원이었는데, 3번 유찰이 되면서 3억 원대까지 떨어진 상황이었다. 바로 권리분석에 들어갔다. 세입자 없이 주인이 살고 있었고, 유치권이 1억 원 정도 있었다. 물려 있는 빚도 꽤 많았지만 모두 소멸대상이어서 신경 쓸 필요는 없었다.

문제가 될 만한 건 유치권 정도였다. 아파트에 유치권이 나오는 경우는 주로 인테리어 공사를 했을 경우인데, 이 경우는 한 번 방문해 볼 필요가 있었다. 새 아파트에 인테리어 공사라니. 베란다 확장공사 외에는 할 일이 없는 굉장히 드문 경우이다.

마침 그 집이 1층이었기에 운이 좋다면 밖에서도 정보를 얻을 수 있었다. 아파트에 도착해 보니 미소가 절로 나왔다. 1층은 여러 단점이 있지만, 제일 큰 문제는 사생활 침해이다. 밖에서 안이 고스란히 들여다보여 문을 마음대로 열 수 없는 것이다. 그런데 이 아파트는 화단 같은 정원이 둘러싸고 있어서 문을 열어 놓더라도 안이 잘 보이지 않을 것이다.

다만 아쉬운 점이라면, 나도 보기 힘들다는 것이다. 산책하는 척 가까이 다가가 보았다. 몸을 최대한 늘리니 안이 살짝 엿보였다. 여름이라 문을 조금씩 열어둔 듯했다.

문 사이로 보이는 것은 누가 봐도 베란다 타일 바닥이었다. 누가 볼까 자연스럽게 건물을 돌며 그 집의 다른 창들을 살펴보았다. 확실히 확장공사는 하지 않았다. 이런 경우, 유치권은 가짜일 가능성이 높다. 누군가 경매가 잘 되지 않도록 의도적으로 방해공작을 한 것이다.

좋지 않은 신호는 한곳에서만 오지 않는다. 바로 관리사무소를 방문했다.

"안녕하세요~"
"아, 네. 안녕하세요."
"저 여기 ○○호 경매 때문에 방문드렸는데요."
"네네."
"혹시 그 집이 인테리어 공사를 한 적 있나요?"
"글쎄요, 없다고 알고 있긴 합니다만."

역시 유치권은 가짜였다. 간단한 이야기를 나누어 봤지만, 관리사무소와 친하게 지내는 집은 아닌 듯했다.

"관리비는 잘 내고 있나요?"
"어휴, 그 집이…."

말을 흐리는 것을 보아 하니 꽤나 밀려 있을 것 같았다. 하긴 집 담보로 걸린 빚을 생각하면, 관리비를 잘 내 왔다는 게 더 이상하다.

"이사 오고 첫 달만 내고 계속해서 미납입니다. 몇 번을 재촉해도 꼼짝을 않아요. 지금은 이자까지 붙어서…."

최종적인 관리비는 2500만 원. 듣는 순간 생각했다. 아, 이 사람들 보통내기가 아니겠구나. 이 경우 명도할 때도 꽤 기싸움을 해야 할 거다. 유찰이 반복된 데에는 이유가 있다. 어설픈 사람이 시도했다간 크게 데이기만 하는 것이다.

그렇지만 물건 자체는 1층이지만 사생활 노출이 없고, 괜찮은 물건이다. 밀린 관리비는 건물 가격이라 생각하고 내면 되고, 유치권만 잘 해결하면 될 것 같았다.

이전에 유찰됐듯이, 이번에도 아무 경쟁자가 없으면 좋겠지만 그런 꿈같은 일은 벌어지지 않는다. 12명의 경쟁자가 몰렸고 가격은 올라갈 수밖에 없었다. 4억 원대 중반의 금액을 적었고 2등과 150만 원 차이로 낙찰을 받았다.

유치권이 있는 물건은 대출을 받기 힘들다. 다만 가짜 유치권으로 판단될 경우에는 일단 대출신청을 하는 게 좋다.

"잠시만요, 말씀하신 물건에 유치권이 있는데…."
"신고날짜 확인해 보시겠어요?"

법원 판례 중에, 경매 진행 중에 들어온 유치권은 인정하지 않는다는 판례가 있다. 은행에서도 이 판례를 참고하여 경매 진행 중 신고된 유치권은 가짜 유치권으로 판단하고 대출을 진행해 주었다. (다만 문제가 되는 대출을 싫어하는 은행의 특성상 해 주지 않는 곳이 더 많다.)

다행히 쉽게 대출을 받아 잔금을 치르고, 명도를 하러 낙찰된 집에 방문했다.

"계세요?"
"누구세요?"
"낙찰자입니다."
"……."

한참을 기다리니 아무 말 없이 문이 열렸다. 조금 전의 목소리는 아주머니였는데, 나온 것은 뚱한 표정의 아저씨 한 분이었다.

"안녕하세요."
"이사비는 얼마 줄 거요?"

인사도 없이 바로 본론이라니. 생각대로 첫 만남부터 쉽지 않았다.

"이사비요? 지금 관리비도 밀려 있으시던데."
"아, 그거는 우리야 모르고. 이사비가 적으면 우리도 못 나가요. 적어도 집 구할 수 있는 돈은 주셔야지."

"관리비가 지금 한두 푼도 아니고. 2천만 원이 넘는 금액인데 거기에 이사 비용까지 달라 하시는 건 너무 양심 없는 행동이시죠."

"양심은 무슨…."

명도를 다니다 보면 이런 상황을 종종 본다. 여자라서 만만히 본거다. 이럴 때는 달랜다고 되지 않고, 오히려 강하게 나가야 한다.

"그리고 이 집 유치권, 가짜로 신청하신 거잖아요. 고의적으로 경매를 방해한 거라 경매방해죄에 해당되시는데."

"그래서요? 그게 무슨 상관입니까?"

"부당하게 돈을 요구하신다면, 저도 법대로 할 수밖에 없어서요. 경매 방해죄로 고소하거나 아니면 집행을 통해서 처리하겠습니다. 그러면 곱게 나가기 힘들 거에요."

침묵이 흘렀다. 사실상 내가 가진 패가 더 많기 때문에 이긴 싸움이나 마찬가지다. 한참을 침묵하던 아저씨가 입을 열었다.

"거, 성격 한 번 급하시네."

먼저 입을 연 것은 집주인 아저씨였다. 사실상의 항복 선언인 셈이다.

"맞아요. 인테리어 업자를 통한 가짜 유치권이에요. 고소하고 집행하는 것도 어차피 비용 들고 시간 들 텐데, 그 돈을 그냥 나한테 주면 유치권 다 해제하고 그냥 나가드리죠."

"아뇨, 이사비용 못 드려요. 아니면 관리비 2500만 원에 대해서 소송을 걸고 집행하겠습니다."

"아니 그래도 싸게 낙찰받아 갔잖아요? 우리가 이제 집도 구하고 이사도 가고 해야 하는데 그 관리비까지는 진짜…. 그거는 내주셔야지, 우리가 어딜 가든 갈 거 아닙니까. 돈이 어디서 나오는 것도 아니고. 그러시면 저희도 뭐라 해도 못 나갑니다!"

설전 끝에 관리비를 인수하고 이사비용 300만 원을 주고 나가는 것으로 합의를 보았다. 나쁘지 않은 결과다. 명도하면서 어느 정도 돈을 쥐어 주는 것이 더 깔끔하게 일이 마무리된다.

꽤 큰 금액이라 돌아오는 길에 관리사무소도 들렀다. 일시금으로 내야 한다면 미리 준비해야 하기 때문이다. 다행히 분할납부가 가능하다고 하여 큰 무리 없이 진행할 수 있었다.

● 들어간 비용 & 최종 수익률 계산

M 매일옥션 무료전문가상담 1599-2646
신뢰에 보답하는 법원 경매 전문

해당물건 상담신청

2013 타경 1068호 수원지방법원 안양지원　매각기일 : 2013.03.19(화) 10:30　**경매5계**

소재지	경기도 의왕시 내손동				대법원바로가기
물건종류	아파트	채권자	임의경매	입찰방법	기일입찰
경매대상	토지 및 건물일괄매각	채무자		사건접수일	2012.07.20
토지면적	61.32㎡(18.55평)	소유자		개시결정일	2012.07.31
건물면적	121.72㎡(36.82평)	감정가	700,000,000	배당종기일	2012.10.12
경매종류	부동산임의경매	최저가	(51%)358,400,000원	말소기준권리	2010.09.06
청구금액	474,000,000원	입찰보증금	(10%)35,840,000원	입찰일	2013.03.19(화) 10:30

📋 진행과정

접수일	구분	일자
1일	사건접수일	2012.07.20
12일	개시결정일	2012.07.31
85일	배당종기일	2012.10.12
138일	최초경매일	2012.12.04

📋 매각과정

접수일	회차	입찰기일	최저가	비율	상태
137일	1	2012-12-04	700,000,000	100%	유찰
172일	2	2013-01-08	560,000,000	80%	유찰
207일	3	2013-02-12	448,000,000	64%	유찰
242일	4	2013-03-19	358,400,000	51%	매각
매각		매각가 455,360,000 (65%)			

📋 감정평가현황 [최선순위 설정일자 2010.9.6. 근저당권]

목록	주소	구조/용도/대지권	면적	비고
대지권	내손동	128886.8 분의 61.32	61.32㎡ (18.55평)	
건물	내손동	철근콘크리트구조	121.7180㎡ (36.82평)	
감정평가현황	<ul><li>경기도 의왕시 내손동 소재 '　　　　　' 남동측 인근에 위치하며, 주변은 대규모 아파트단지 및 학교, 공원, 근린생활시설 등이 혼재하는 지역으로서, 주위환경여건은 무난함.</li><li>단지내 포장도로를 이용하여 차량출입이 자유롭고, 단지입구에 노선버스정류장이 소재하여 대중교통 여건은 무난함.</li><li>아파트(침실3, 거실, 서재, 드레스룸, 주방겸 식당, 욕실2, 발코니 등)로 이용중임.</li><li>위생 및 급배수설비, 옥내소화전설비, 승강기설비, 스프링쿨러설비, 화재탐지설비, 열병합발전에 의한 지역난방설비 등 설치되어 있음.</li><li>단지내 도로가 개설되어 있으며, 북동측으로 노폭 약 18미터, 남측으로 노폭 약 20미터, 서측으로 노폭 약 45미터의 포장도로에 접함.</li></ul>			
비고	주식회사 　　　　　　로부터 공사대금 금 96,000,000원의 유치권신고가 있으나 성립여부는 불분명함			

● 들어간 비용

낙찰가	4억 5536만 원
취등록세	680만 원
관리비용	2500만 원
이사비용	300만 원
총 지출	4억 9016만 원
경락잔금대출	3억 6400만 원(80%)
실투자금	1억 2616만 원

● 매매 후 수익

이자	96개월 × 120만 원 = 1억 1520만 원
시세차익	14억 원 - 4억 9천만 원 = 9억 1천만 원
총 매매수익	9억 1천만 원 - 1억 1520만 원 = 7억 9480만 원

● 1년 월세 임대수익

연이율(4%)	3억 6400만 원 대출 → 이자 120만 원
임대수익	보증금 2억 원 / 월세 160만 원
1년간 임대수익	12개월 × [160만 원(월세) - 120만 원(이자)] = 480만 원

낙찰받고 한 달 안에 처리해야 될 것들

(1) 토지(전, 답)은 일주일 안에 반드시 농지취득 자격증명원을 발급받아 법원에 제출해야 한다

토지 중에서 **전**이나 **답**을 낙찰받는 경우 농취증(농지취득 자격증명원)을 발급받아 반드시 1주일 안에 법원에 제출하여야 한다. 농취증은 해당 토지가 있는 면, 읍사무소에서 발급해 주며, 1주일 안에 법원에 제출하지 않으면 보증금이 몰수된다. 따라서 반드시 전이나 답을 낙찰받았다면 당일 면, 읍사무소에 가서 발급받고 법원에 제출하기 바란다.

일반적으로 농취증은 농민이 아니면 발급을 안 해 준다고 생각하는데 이는 사실이 아니다. 현재 낙찰받은 해당 토지가 정상적으로 농지로 되어 있으면 누구나 발급이 가능하다. 농취증을 받으러 갈 때는 법원에서 받은 낙찰 확인증과 신분증을 가지고 가면 된다. 참고로 수수료는 1,000원이다.

[농지법시행규칙] 시행일 : 2002.12.31
[별지 제5호서식] (개정 2002.12.31)

(앞 쪽)

| 농지취득자격증명신청서 | 처리기간 | 접수 * | . . . 제 호 |
| | | 처리 * | . . . 제 호 |

농지 취득자 (신청인)	①성 명 (명칭)		②주민등록번호 (법인등록번호)			⑥취득자의 구분			
						농업인	신규 영농	법인 등	주말 체험 영농
	③주 소	시 도	구 시·군	동 읍·면	리 번지				
	④연락처		⑤전화번호						

	⑦소 재 지						⑪ 농지구분		
취 득 농지의 표 시	시·군	구·읍·면	리·동	⑧ 지번	⑨ 지목	⑩ 면적 (㎡)	진흥 구역	보호 구역	진흥 지역밖

| ⑫취득원인 | | | | |
| ⑬취득목적 | 농업
경영 | 농지
전용 | 시 험·
연 구·
실습용등 | 주말
체험
영농 |

농지법 제8조제2항 및 동법시행령 제10조제1항의 규정에 의하여 위와 같이
농지취득자격증명의 발급을 신청합니다.

년 월 일

농지취득자(신청인) (서명 또는 인)

시장·구청장·읍장·면장 귀하

| ※ 구비서류 | 수 수 료 |
| 1. 법인등기부등본(법인의 경우에 한합니다)
2. 별지 제2호서식의 농지취득인정서(법 제6조제2항제2호의 규정에 해당
하는 경우에 한합니다)
3. 별지 제6호서식의 농업경영계획서(농지를 농업경영 목적으로 취득하는
경우에 한합니다)
4. 농지임대차계약서 또는 농지사용대차계약서(농업경영을 하지 아니하는 자가 취득하고
자 하는 농지의 면적이 영 제10조제2항제5호 각목의 1에 해당하지 아니하는 경우에 한
합니다)
5. 농지전용허가(다른 법률에 의하여 농지전용허가가 의제되는 인가 또는 승인 등을 포함
합니다)를 받거나 농지전용신고를 한 사실을 입증하는 서류
(농지를 전용목적으로 취득하는 경우에 한합니다) | 농지법시행령
제75조의 규
정에 의함 |

210㎜×297㎜(일반용지 60g/㎡(재활용품))

(2) 낙찰 후 한 달 안에 처리해야 될 가장 중요한 것은 '잔금 납부'이다

낙찰을 받고 한 달 안에 우리가 반드시 처리해야 될 일은 바로 잔금 납
부이다. 법원마다 다르지만 보통 낙찰을 받고 한 달 안에 잔금을 모두 내
야 한다. 그러니 보유 자금으로 모두 납부하지 못하는 경우에는 반드시

경락잔금대출을 받아 잔금을 모두 지불해야 된다.

일반적으로 대출은 법원에서 낙찰을 받고 나면 대출 아주머니들이 수많은 명함을 들고 법정 밖에 서 있다. 그러면 우리는 여러 장의 대출 명함을 받아 집에 가서 한 명씩 통화를 해 보며 대출 가능 금액, 이자율을 비교하여 나에게 가장 맞는 대출을 받아 이용하면 된다.

사실 잔금 납부일을 하루이틀 정도는 늦어도 된다. 단지 법원에 이자 수수료를 좀 더 물어 주면 된다. 그러나 앞에서 배운 차순위 매수 신고자가 있을 때는 반드시 잔금 마감일까지 돈을 납부하도록 하자.

대출, 레버리지 활용하기

이자율이 비싼 카드 할부를 수시로 하는 사람이 있는가 하면, 대출이라는 단어만으로도 거부감을 갖는 사람이 있다. 언젠가 갚아야 할 돈을 함부로 쓰면 나중에 빚을 갚느라 돈을 모으기는커녕 쓸 돈도 없다는 것이다.

맞다. 대출 자체가 좋은 행위가 될 수는 없다. 안전만을 목표로 한다면, 대출을 받지 않는 것이 가장 안전하기 때문이다. 심지어 아무 생각 없이 대출과 카드 할부를 남용하다 보면, 빚에 쫓겨 제대로 된 생활을 하지 못하게 될 수도 있다.

그러나 현명하게 사용한다면 대출은 유용한 도구가 될 수 있다. 월세를 내면서 내 집 마련하는 것은 쉬운 일이 아니다. 이때 조금 더 효율적으로 내 집 마련을 할 수 있도록 도와주는 도구가 대출, 레버리지이다.

	월세	내 집 마련
매달 나가는 돈	30만 원(월세)	30만 원(이자)
매달 모으는 돈	70만 원(적금)	70만 원(원금 갚기)
자산	적금 금액만큼 증식	원금을 갚은 만큼 순자산 증가

예를 들어, 월세로 매달 30만 원이 나간다면 그 금액만큼 저축이 줄어들 수밖에 없다. 그래서 내 집 마련에 필요한 돈을 모으는 데 더 많은 시간이 드는데 집값은 계속해서 오르니 내 집 마련은 점점 멀어지는 것이다.

그러나 대출을 받아서 내 집 마련을 한다면 상황은 달라진다. 실제 매달 나가는 이자가 월세와 동일하더라도, 원금을 갚을수록 이자는 낮아지고 이미 집을 샀기 때문에 집값이 상승하여 부담이 적다.

대출은 가계의 현금 흐름이 끊기거나 시장 하락기가 닥친다면 생계를 위협할 수 있는 양날의 검이다. 그러므로 아무리 좋은 투자처가 있더라도 이자를 감당할 수 있는 한도 내에서 진행해야 한다. 그렇지 않다면 부동산 경매를 투기수단으로 사용하게 될 수 있다.

그렇다면 대출을 잘 받기 위해서는 어떻게 해야 할까? 필요할 때 필요한 대출을 받으려면, 평소에 준비를 잘 해 놓는 것이 좋다.

(1) 신용관리

담보대출이라 하더라도 소유자의 신용도와 재산, 수익에 따라 한도 및 이자가 달라지기도 한다. 그렇기 때문에 평소에 신용관리를 잘 해 놓으면 필요한 시기에 조금 더 좋은 조건으로 대출을 받을 수 있다.

(2) 긴급자금, 큰 지출을 위한 자산 축적은 필수

급하게 돈이 필요할 때 대출을 생각하기 쉽다. 그러나 갑자기 목돈이 들어가는 시기에는 언제 수입이 정상화될지 모르기 때문에 쉽게 돈을 빌리면 계속해서 힘들어질 가능성이 높다. 다행히 우리 사회는 그런 위험을 대비하여 '보험'이라는 안전장치를 마련해 놓았다. 감당하기 힘든 목돈이 들어갈 것으로 예상되는 시점을 위하여 보험과 저축으로 미리 대비를 해 놓는 것이 좋다.

(3) 소비 목적으로 대출받지 말자

부동산은 없어지거나 소모되지 않는 자산이다. 그렇기 때문에 대출을 활용해서 구매하는 것을 추천할 수 있는 것이다. 그러나 주식, 코인처럼 원금이 보장되지 않는 곳에 투자를 하거나 가구, 자동차 등 사용할수록 가치가 줄어드는 곳에 쓰는 돈은 대출이 아닌 저축으로 마련하는 것을 추천한다.

대출을 어느 정도
활용하는 것이 안전할까?

개인의 상황이 모두 다르기 때문에 단정 지어서 말할 수는 없다. 본인의 상황과 투자대상 등에 따라 다르게 판단해야 한다.

직접 거주하기 위한 집이나 시세차익을 노리고 매입한 건물이라면 당장 들어오는 수입이 없는 만큼 매달 납부해야 하는 이자를 높게 잡는 것은 좋지 않다. 부동산 매도시점까지 긴 기간을 두지 않을 거라면, 대출기간을 짧게 잡고 이자를 낮추는 것을 고려하는 것이 좋다.

반대로 임대 목적의 부동산이었다면 예상 월세 가격에 비례하여 대출이자를 조금 넉넉하게 잡더라도 큰 부담이 되지 않을 것이다. 대신 중도상환 수수료가 있더라도 고정금리의 장기상품을 추천한다. 원금을 갚지 않더라도 생활에 문제가 없지만 단기간에 갚을 수 있는 상황이 아니기 때문이다.

1년짜리 단기상품은 매년 연장해 줘야 하는 번거로움이 있는 데다 이자가 오를 위험 또한 높다. 특히 2금융권 상품의 경우 초기 금리는 낮지만 이후 높은 비율로 금리를 올리기도 한다. 무엇보다 1년 후 대출 시에는 담보건물을 재감정하여 시세대비로 대출금액을 산정하기 때문에 대출 조건이 달라질 수밖에 없다.

기존대출의 중도상환 수수료가 없어지는 시점부터, 다른 대출에 관심 갖는 것을 추천한다. 더 좋은 조건의 대출이 있다면, 그 조건으로 대출을 받아 기존 대출원금을 갚아 버리는 것이 좋기 때문이다. 은행에 가서 "대환대출을 원한다."라고 하면 해당 부분에 대한 안내를 받을 수 있다.

〈대출받을 때 확인해야 하는 것〉
- 금리(고정금리 / 변동금리)
- 중도상환 수수료
- 대출기간(1년 단위 / 3년 이상)
- 상환방식(만기일시 / 원금균등 / 원리금균등)
- 채무승계 여부
- 추가상품

.

9장

알고 보면
쉬운 명도

실전 사례 - 토지, 내 소유로 만들기

토지는 특성상 명도를 할 필요도 없고 잔금만 치르면 내 땅이 된다. 건물과 달리 수리와 관리에도 큰 신경을 쓸 필요도 없고 상대적으로 가격이 저렴해서 관심 갖기도 쉽다. 더군다나 임대수익과 시세차익도 챙길 수 있으니 꽤 매력적이다. 물론 토지에 장점만 있는 것은 아니다. 무엇보다 잘 알려져 있지 않다는 것이 가장 큰 단점일 것이다. 그래서 이번에는 토지 낙찰을 하면서 생긴 일들에 대해 이야기해 볼까 한다.

충청남도 부여에 400~500평의 넓은 땅이 나왔다. 다른 것은 다 좋았는데 그 안에 비어 있는 견사, 개집이 하나 있는 것이다. 건물과 마찬가지로 낙찰 전에 소유자에게 연락하는 것은 좋은 선택이 아니다. 더군다나 쓰지 않는 견사를 철거하는 게 어려울 것 같지는 않았다. 낙찰 후 임대계획도 없었기에 시간이 좀 걸려도 괜찮으니 걱정 없이 낙찰을 받았다.

임대용이 아닌 시세차익용으로 토지를 낙찰받는다면, 낙찰 후 바로 해야 할 일이 있다. 다른 사람이 아무도 안 쓰는 빈 땅이라며 마음대로 사용하지 못하도록, 정확한 내 소유의 땅을 측량해서 담을 치고 문을 달아 두는 것이다.

물론 땅에 있던 견사는 내 마음대로 철거할 수 없다. 등기에 올라와 있지는 않지만, 법적지상권으로 판단될 여지가 있는 경우, 함부로 철거했다가 낭패를 볼 수 있기 때문이다. 견사의 가치가 높지 않기 때문에 번거로운 정도에서 끝나겠지만 굳이 긁어 부스럼 만들 필요는 없으니 전 주인에게 연락을 했다.

"안녕하세요. 이번에 경매 낙찰받은 사람인데요. 여기 땅에 견사가 하나 있던데, 철거 가능하시죠?"
"아 그거. 그냥 아는 사람이 짓겠다고 해서 그러라고 한 겁니다."
"선생님이 지은 게 아니세요? 혹시 임대하신 건가요?"
"임대라고 해야 하나…. 뭐 그런 거창한 거 아니고, 같은 동네사람끼리 그냥 쓴 거죠. 하여튼 내가 만든 게 아니라 내가 철거하기는 그렇고. 주인한테 전달할게요."

세를 받은 것도 아니고, 빈 땅을 조금 쓰겠다 해서 그냥 쓰라고 놔뒀다는 것이다. 이 경우 이야기가 조금 복잡해진다. 땅 주인에게 허락받고 지은 건물이나 시설물에는 **법적지상권**이란 권리가 생긴다. **간단히 말하면 땅 주인에게 사용료를 지불하는 동안 그 건물의 보존과 사용에 대한 권리**

를 획득하는 것이다.

물론 법적지상권이 발생하더라도, 2년 이상 사용료를 내지 않으면 소송을 통해 강제로 철거할 수도 있다. 그러나 이 경우는 전 주인이 무상으로 사용하도록 구두계약한 건이고, 비용과 시간을 소요해 가며 철거하기엔 겨우 견사 하나였다. 매번 충남까지 내려갈 수는 없어 견사 주인에게 전화로 철거를 재요청했다.

견사 주인은 알겠다고만 하고 실제 철거는 하지 않은 채 시간만 흘렀다. 개를 키우지는 않아서 땅에서 냄새가 나거나 지저분해질 일은 없었지만 사용하지 못하는 지역이 생기는 것만도 큰 단점이었다.

그렇게 5년 정도 지나자 땅값은 계속 올라 낙찰가의 2배에 가까워졌다. 견사 때문에 계속 신경 쓰니 그냥 팔아치워야겠다는 생각에 매매를 시도했지만, 이번에도 견사가 문제였다.

"말씀하신 땅을 확인해 봤는데, 거기 개집이 있더라고요. 매매 전에 철거해 주셨으면 좋겠는데 아니면 말씀드렸던 금액 전부를 드리진 못할 거같아요."

내 땅에 하자가 있다며 돈을 못 주겠다는 말은 설령 사실일지라도 누구나 기분 나쁠 수 있다. 그러나 상대의 말이 맞았다. 애초에 소유주 마음대로 할 수 없는 건물 등이 있는 땅은 상대적으로 가치가 떨어지기 마련이다. 나는 경매로 낙찰받은 경우이니 미리 요구할 수 없었지만 매매의 경우는 정당한 요구이다.

다시 견사 주인에게 연락했다. 그 사람에게는 철거가 의무가 아니니 차일피일 미루고 안 해도 상관없는 일이었다. 그러나 사람을 움직이게 하는 것은 의외로 단순하다. 300만 원을 철거비용으로 주기로 하니, 얼마 지나지 않아 견사를 철거할 수 있었다.

작은 시설물 하나라도 실제 땅을 사고파는 데 영향이 있다. 대부분은 그대로 철거해도 이상이 없지만 간혹 문제가 될 소지가 있다. 미리 확인할 수 있다면 제일 좋고, 그게 어렵다면 철거하기 위해 들어갈 비용을 감안해서 입찰하는 것이 좋다.

땅을 낙찰받을 때는 종류를 잘 살펴보아야 한다. 답이나 전으로 표시된 농사용지의 경우는 낙찰받더라도 취소가 될 수 있다. 농지취득자격증명, 농취증을 발급받아 낙찰 7일 내 법원에 제출해야 하지 않으면 법원의 허가가 떨어지지 않기 때문이다.

농취증이란 농지를 취득하고자 하는 자가 필수로 발급받아야 하는 서류이다. 법원에서 낙찰을 받은 후 '최고가매수인' 증명서를 가지고 농지소재지의 주민센터에 가서 신청하면 발급이 가능하다. 당일 발급되는 경우도 있지만, 접수일로부터 4일 이내의 시간이 걸리는 경우도 있기 때문에 낙찰받은 날 바로 신청하는 것이 좋다.

만약 농취증을 발급받지 못한다면, 입찰보증금이 몰수될 수도 있기 때문에 입찰 전에 미리 확인해 두는 것이 좋다. 만약 1,000㎡ 이상 농지를 낙찰받는다면 추가적으로 농업경영계획서도 작성해야 하니 같이 염두에 두자.

그런데 농취증 발급과 함께 조건이 붙는 경우가 있다. 강화도에 있는 토지를 낙찰받았을 때가 그 경우였다. 마당이 딸린 주택이었는데, 그 마당이 밭으로 신고가 되어 있던 것이었다. 집도 한적하고 예쁜 편이었고 위치도 좋아 일단 낙찰을 받았었다. 그런데 농취증을 받기 위해 면사무소를 찾아가니 의외의 말을 하는 것이었다.

"이 집에 지금 밭이 없네요."
"아… 네, 밭으로 사용하고 있지는 않더라고요."
"이러면 안 돼죠. 농사용지인데 농사를 안 지으신다는 거잖아요."

아니 그러면 경매에 들어가기 전에 해결을 해 주든가. 경매 담당자와 농취증 담당자가 다르다는 걸 알면서도 약간의 답답함과 억울함이 들었다.

"저는 이 집에 살려고 낙찰을 받은 건데, 농취증이 없으면 집도 못 받아요."
"집은 괜찮아요. 괜찮은데… 음, 이게 농지가 아니라서. 복구를 해 주셔야겠는데요."
"복구요?"
"네. 아스팔트를 걷어 내고 농사를 지으신다고 하면 발급해 드릴게요."

아스팔트 때문에 집을 넘길 수는 없으니 그러겠다 약속했다. 비용이 추가적으로 더 들게 생겨 한숨이 나왔지만, 밭으로 신고되어 있는 마당이 모두 아스팔트로 덮여 있었기 때문에 농지취득이라고 하기 어려운 것은 맞다. 어느 정도 예상했던 일이기에, 아스팔트를 제거할 방법부터 찾았다.

포클레인을 한 대 불러서 아스팔트를 모두 부수고 치웠다. 밭으로 신고된 구간을 모두 걷어 내고 나니, 마당이 아예 없어졌다. 주차할 공간도 남지 않아서, 주차할 곳을 따로 찾아봐야 할 지경이었다. 땅을 고르고, 야채를 심어 길렀다. 집 앞의 텃밭이라고 생각하면 꽤 좋았지만 주차공간이 없을 정도로 많은 밭을 일굴 생각은 아니었다.

그러나 땅을 다시 덮을 수는 없었다. 조건부로 농취증을 발급받을 경우, 면사무소에서 나와서 제대로 이행했는지 사진을 찍어 간다. 그때까지 처리가 되어 있지 않다면 이행강제금이 부과된다. 말하자면 일종의 벌금인 셈이다.

오래된 건물일수록 나라에 신고된 것과 실제 사용이 다른 경우가 많다. 타인의 토지를 끼고 있는 건물이라든가, 허가가 나지 않은 곳까지 증축해서 사용 중인 경우가 흔하다. 대부분은 그동안 사용해 왔으니 그대로 쓰도록 허용해 주지만, 집을 리모델링할 경우나 이번처럼 농지로 신고된 토지인 경우 조심해서 결정해야 한다.

부동산 경매 2천만 원으로 복마마 따라잡기

● 들어간 비용 & 최종 수익률 계산

매일옥션 무료전문가상담
1599-2646
신뢰에 보답하는 법원 경매 전문

[해당물건 상담신청]

대전지방법원 논산지원 매각기일 : 2010.10.18(월) 10:00 경매2계

소재지	충청남도 부여군				[대법원바로가기]
물건종류	전	**채권자**	▨▨▨▨▨▨ [강제경매]	**입찰방법**	기일입찰
경매대상	토지매각	**채무자**	▨▨▨	**사건접수일**	2010.05.26
토지면적	757.00㎡(228.99평)	**소유자**	▨▨▨	**개시결정일**	2010.06.04
건물면적		**감정가**	9,841,000	**배당종기일**	2010.08.26
경매종류	부동산강제경매	**최저가**	(80%)7,873,000원	**말소기준권리**	1999.02.18
청구금액	12,366,109원	**입찰보증금**	(10%)787,300원	**입찰일**	2010.10.18(월) 10:00

🏛 진행과정

접수일	구분	일자
1일	사건접수일	2010.05.26
10일	개시결정일	2010.06.04
93일	배당종기일	2010.08.26
111일	최초경매일	2010.09.13

🏛 매각과정

접수일	회차	입찰기일	최저가	비율	상태
110일	1	2010-09-13	9,841,000	100%	유찰
145일	2	2010-10-18	7,873,000	80%	매각
매각		매각가 9,111,000 (93%)			

🏛 감정평가현황 [최선순위 설정일자 1999.02.18.가압류]

목록	주소	구조/용도/대지권	면적	비고
토지	▨▨▨▨▨	전	757㎡ (228.99평)	
감정평가현황	<ul><li>충청남도 부여군 ▨▨▨▨▨ 소재 "▨▨▨▨" 내에 위치하며, 인근은 단독주택 및 전, 답, 임야 등이 혼성된 지역임.</li><li>본건 인근까지 차량접근이 가능하고, 인근에 버스정류장이 소재하는바, 제반 교통 사정은 보통임.</li><li>부정형 평지로 전(휴경상태) 및 일부 견사부지로 이용중임.</li><li>맹지임.</li></ul>			
비고	농지취득자격증명원필요(매각결정기일까지위증명원미제출시매수신청보증금반환하지않음),제시외비닐하우스및견사매각제외			
부동산현황	▨▨군 ▨▨▨ ▨▨▨ 소재 "▨▨▨▨" 내에 위치하며 주위는 주택,전,답,임야 등이 소재하는 지역으로 본건까지 차량출입 가능하며 제반 주위환경 보통시됨.			

● 들어간 비용 & 매매 후 수익

낙찰가	911만 원
철거비용	300만 원
취등록세	12만 원
총지출	1223만 원
현 시세	평당 9만 원(2019년 거래가격 참조)
총 수익	2061만 원 - 1223만 원 = 838만 원

명도를 준비하는 마음가짐

필자는 경매회사를 18년 동안 운영하면서 수많은 명도 과정을 거치면서 다양한 경험을 하였다. 명도 과정에서 다짜고짜 화를 내는 사람도 있고 경매로 넘어간 자신의 신세를 한탄하면서 낙찰자를 힘들게 하는 세입자도 있다. 그중에서도 가장 힘든 명도가 나이 드신 어르신을 상대하는 일이다. 갈 곳도 없고 돈도 없다며 도의적인 책임감을 느끼게 하는 경우이다. 이런 경우 내가 나쁜 사람이 된 것 같은 느낌도 들고 '경매를 괜히 했나?'라는 자괴감이 들기도 한다.

그러나 내가 그 사람을 쫓아냈다고 나쁜 사람이 된 것 같다는 생각은 버리자. 우리는 그 채무자로 인해 고통받고 있는 채권자에게 빌려준 돈을 갚아 준 아주 고마운 사람이다. 그러니 명도를 할 때는 좋은 사람이 되기보다는 마음을 단단하게 먹고 일을 처리해야 깔끔하게 명도를 마무리할 수 있다. 그럼 지금부터 천천히 부동산 경매의 꽃, 명도에 대해 알아보자.

명도에서 가장 중요한 것은 협상이다. 등기를 완료하여 내 명의로 되었어도 현재 살고 있는 사람을 내보내는 과정이 끝나야 입주를 하든 세를 놓든 할 수 있는 것이다. 명도 과정에서 고압적인 태도를 유지하는 것은 좋지 않다. 또한 살고 있는 사람의 모든 상황을 들어 주는 것도 좋지 않다. 명도가 늦어질수록 손해는 낙찰자의 몫이기 때문이다.

명도 과정에서 협상을 하다 보면 이사비용 문제가 나온다. 물론 이사비용은 낙찰자가 살고 있는 사람에게 줄 의무는 전혀 없다. 하지만 강제집행까지 가지 않기 위해서 이사비용으로 낙찰자와 협상하는 것이 좋다. 강제집행을 할 경우 비용적인 측면과 시간적인 측면에서 낙찰자에게 손해가 되기 때문이다.

결국 명도 협상에서 가장 중요한 것은 이사비용이다. 명도 과정에서 많은 이사비용을 요구하는 경우도 많다. 자신이 집에 수천만 원을 들여서 인테리어를 했다고 인테리어 비용을 달라고 하거나 당장 집을 구할 돈이 없으니 이사비용이라도 많이 달라고 하는 경우도 있다. 따라서 적절한 이사비용의 상한선을 정해 놓고 이사비용 협상을 시작하는 것이 좋다.

보통 30평대 아파트나 일반적인 주택의 경우 100~150만 원 정도로 협상을 진행하는 경우가 일반적이다. 그러나 살고 있는 사람이 더 많은 이사비용을 요구하는 경우가 대부분이다. 이러한 경우가 많기 때문에 낙찰자가 살고 있는 사람과 원활한 협상을 위해 어떤 무기들을 사용할 수 있는지 상세하게 설명하겠다.

명도확인서 & 인도명령과 강제집행

(1) 명도확인서

살고 있는 사람이 세입자인 경우 **명도확인서**와 **인감증명서**로 원만하게 해결이 가능하다. 대항력이 없더라도 최우선변제를 받을 수 있는 소액임차인이 대부분이기 때문이다. 그래서 세입자가 점유하고 있는 경우에는 집주인보다 더 쉽게 명도가 가능하다.

세입자가 법원에서 보증금을 배당받기 위해서는 **낙찰자의 명도확인서**와 **인감증명서**가 필요하다. 명도확인서는 법원에서 낙찰자에게 힘을 실어 준 것이라고 이해하면 쉽다. 명도확인서는 낙찰자가 세입자에게 써 주는 것으로 원활하게 명도가 완료되었다고 확인해 주는 문서이다. 법원에서는 낙찰자가 써 준 명도확인서와 인감증명서를 보고 세입자가 받을 돈을 배당하게 된다. 그래서 이 두 개의 서류는 명도 과정을 원활하게 할 수 있는 무기라고 생각하면 된다.

명 도 확 인 서

사건번호 :

이　　름 :

주　　소 :

　　위 사건에서 위 임차인은 임차보증금에 따른 배당금을 받기 위해 매수인에게
목적부동산을 명도하였음을 확인합니다.

　　첨부서류 : 매수인 명도확인용 인감증명서 1통

　　　　　　　　　　　년　　　　　월　　　　　일

　　　　　　　　매 수 인　　　　　　　　　　(인)
　　　　　　　　연락처(☎)

　　　　　지방법원　　　　　　　　귀중

☞유의사항
1) 주소는 경매기록에 기재된 주소와 같아야 하며, 이는 주민등록상 주소이어야
　 합니다.
2) 임차인이 배당금을 찾기전에 이사를 하기 어려운 실정이므로, 매수인과 임차
　 인간에 이사날짜를 미리 정하고 이를 신뢰할 수 있다면 임차인이 이사하기 전
　 에 매수인은 명도확인서를 해줄 수도 있습니다.

　　그러나 여기서 주의할 것이 있다. 세입자가 이사 가는 집에 필요한 계약
금 등으로 법원에서 먼저 배당을 받아야 된다고 요구하는 경우이다. 세입
자 입장에서는 혹시라도 자기가 돈을 배당받지 못할까 봐 불안한 마음에
먼저 명도확인서를 써 달라고 하는 경우도 있다. 명심해야 할 점은 절대

이사 가기 전에 명도확인서를 써 주면 안 된다는 것이다. 약속한 날짜에 이사를 가지 않는 경우도 많기 때문이다. 이런 경우에 낙찰자는 강제집행을 진행할 수밖에 없다. 시간과 비용이 추가로 들어가기 때문에 세입자의 사정이 딱하다고 절대 미리 명도확인서를 써 주면 안 된다. 명도확인서는 이사 가는 날 이사가 완료된 것을 확인하고 줘야 한다는 점을 명심하자.

(2) 내용증명

점유자와 말할 용기가 없거나 말을 어눌하게 해서 협상이 잘 성립되지 않을 것 같다면 먼저 내용증명을 보내는 것도 좋다. 잘 정리된 문서가 집으로 날아온다면 점유자는 심리적 압박감으로 느끼게 되므로 쉽게 명도가 될 수 있다. 다음은 내용증명의 일반적인 형식이다. 참고하기 바란다.

내 용 증 명

* 수신 : 경기도 성남시 분당구 ~ (홍길동 님 귀하)

* 발신 : 서울특별시 강남구 ~ (낙찰자 김철수, 이하 본인)

* 경매 낙찰 부동산 : 경기도 성남시 분당구 ~

* 경매사건번호 : 수원지방법원 성남지원 경매 3계 2021 타경 777 부동산 임의경매

1. 본인은 경기도 성남시 분당구~(이하 분당구) 부동산을 낙찰받은 사람이며, 귀하는 본인에게 분당구 부동산을 인도하여 주어야 하는 명도대상자임을 알려드립니다.

2. 본인은 낙찰받은 분당구 부동산을 조만간 잔금을 처리하고, 본인명의로 소유권이전을 할 것 입니다.

3. 소유권 이전을 하게 되면 귀하는 본인 부동산에 불법으로 무단점유 및 거주를 하게 되는 경우로서, 이는 민법 제213조(소유자는 소유권 침해에 대한 구제수단으로서 소유물을 정당한 권원 없이 점유하는 자에 대해 물건의 반환을 청구하고), 제214조(그에 대한 비용을 청구할 수 있음)를 알려드립니다.

4. 이에 본인은 귀하께 2021년 7월 31일까지 분당구 부동산을 본인에게 인도하여 줄 것을 강력하게 요청합니다. 만약 제 요청에 협조를 하지 않을 경우 귀하께 비용을 청구하는 것은 물론 강제집행을 진행할 것을 알려드립니다.

(3) 명도확약서

명도확약서는 앞으로 명도를 어떻게 진행할지에 대한 약속이다. 명도확약서는 이사 가는 날과 공과금 처리 문제, 이사비용에 대한 협의 내용을 적는 것이 일반적이다. 많은 사람들이 점유자들이 명도확약서를 잘 써주지 않을 것이라고 생각한다. 이사 가는 날과 공과금을 처리하는 문제를 문서로 작성해야 하기 때문에 점유자가 부담스러워할 거라고 생각하기 때문이다.

하지만 명도확약서에는 이사비용에 대한 협의 내용도 포함된다. 점유자 입장에서도 이사비용에 대해서 구두로 약속하는 것보다 문서로 작성하는 것을 선호한다. 그렇기 때문에 이사비용에 대한 협상이 끝났다면 대부분의 점유자들은 확약서를 작성해 준다. 명도확약서를 통해 낙찰자와 세입자 모두 win-win할 수 있기 때문이다. 명도에 대해 불안하다면 명도확약서를 꼭 활용하는 것을 추천한다.

확 약 서

사건번호 :
부동산의 표시 :
채권자 :
채무자 :

임차인 (점유인)   는   년   월   일
날로 이사 가는 것을 확인한다.

1. 이사 후 남은 동산에 대한 처분은
   낙찰자   에게 위임한다.

2. 위 사건 소재지에 있는 미납 된 공과금은
   임차인(점유인)   이 모두 납부할것을 확인한다.

3. 이사 후 위 사건의 소재지에 출입할시 민.형사상의 처벌을 받을
   것을 확인한다.
   (법원은 수원지방법원 성남지원으로 한다.)

4. 위 사건의 내용을 충분히 숙지하고 확인하였다.

확약인 성명:
주민번호:
주소:
첨부서류: 확약서용 인감증명 1통

(4) 인도명령

인도명령은 잔금을 납부할 때 함께 진행한다. 보통 법무사를 통해서 등기를 할 때 인도명령도 함께 진행하게 된다. 그래서 잔금을 납부할 때 법무사에게 인도명령을 신청했는지 확인해야 한다. 가끔 진행을 해 주지 않

는 법무사들도 있기 때문이다.

인도명령이란 말 그대로 법원에서 새로운 집주인에게 집을 '인도'하라는 명령을 내리는 것이다. 인도명령을 하는 이유는 인도명령 이후에 강제집행을 할 수 있기 때문이다. 최악의 경우를 대비하여 강제집행을 빠르게 진행하기 위함이니 반드시 잔금을 납부할 때 법무사에게 확인하기 바란다.

> **TIP** 인도명령 주의 사항
>
> 인도명령은 **낙찰대금 완납 후 6개월 이내**에 신청해야 하며, **6개월이 지나면 명도소송을 통해 집행해야 되므로 비용과 시간이 많이 소비될 수 있다.** 그러므로 인도명령 기간을 잘 염두에 두고 명도를 진행해야 한다.

(5) 강제집행

법원에 인도명령서를 제출한 상태에서 강제집행을 신청한다. 강제집행의 절차를 간단히 정리하면 다음과 같다.

강제집행 신청 → 강제집행 계고 → 강제집행

강제집행을 신청하면 법원에서 날짜를 잡아 강제집행 계고를 낙찰자와 함께하게 된다.

강제집행 계고란 쉽게 말해서 강제집행이 진행된다는 것을 점유자에게 알리는 행위로 낙찰된 물건에 가서 계고장을 붙이는 일이다. 이때 낙찰자 본인과 법원에서 파견되는 공무원 이외에 입회인 2명이 필요하다. 따라서 계고하는 날 지인 2명과 함께 낙찰받은 물건지로 가면 된다. 함께 갈 지인이 없다면 인근 부동산에 부탁하여 함께 가도 된다.

서 울 동 부 지 방 법 원

강 제 집 행 신 청 서

서울동부지방법원 집행관사무소   집행관   귀하

채권자	성 명		주민등록번호 (사업자등록번호)				전화번호			
							우편번호 □□□-□□□			
	주 소	시	구	로	길	번지 (동,	동	호 아파트		
	대리인	성명(　　　　　) 주민등록번호(　　　　　)					전화번호			
채무자	성 명		주민등록번호 (사업자등록번호)				전화번호			
							우편번호 □□□-□□□			
	주 소	시	구	로	길	번지 (동,	동	호 아파트		

집행목적물소재지	채무자의 주소지와 같음　(※다른 경우는 아래에 기재함) 시　　　　구　　　　로　　　　길　　번지　　　동　　　호 (동, 아파트
집 행 권 원	
집행의 목적물 및 집 행 방 법	동산압류, 동산가압류, 동산가처분, 부동산점유이전금지가처분, 건물명도, 철거, 부동산인도, 자동차인도, 기타(　　　　　　　　　)
청 구 금 액	원(내역은 뒷면과 같음) (이자내역은 집행권원과 같음)

위 집행권원에 기한 집행을 하여 주시기 바랍니다.

※ 첨부서류
1. 집행권원　　　　1통　　　　　　　 20
2. 송달증명서　　　1통　　　　　　　　채권자　　　　　　　　(인)
3. 위임장　　　　　1통　　　　　　　　대리인　　　　　　　　(인)

※ 특약사항
1. 본인이 수령할 예납금잔액을 본인의 비용부담하에
오른쪽에 표시한 예금계좌에 입금하여 주실 것을
신청합니다.
　　　　　　　　　　　　채권자　　　　　　　　(인)

예 금 계 좌	개설은행	
	예 금 주	
	계좌번호	

2. 집행관이 계산한 수수료 기타 비용의 예납통지 또는 강제집행 속행의사 유무 확인 촉구를 2회 이상 받
고도 채권자가 상당한 기간 내에 그 예납 또는 속행의 의사표시를 하지 아니한 때에는 본건 강제집행
위임을 취하한 것으로 보고 종결처분하여도 이의 없습니다.
　　　　　　　　　　　　　　　　　　　　채권자　　　　　　　　(인)

주 1. 굵은 선으로 표시된 부분은 반드시 기재하여야 합니다.(금전채권의 경우 청구금액 포함).
　 2. 채권자가 개인인 경우에는 주민등록번호를, 법인인 경우에는 사업자등록번호를 기재합니다.

3 · 1(앞면)

계고날 지인 2명과 함께 물건지로 가면 법원 공무원과 함께 집에 초인종을 눌러 사람이 있으면 계고장을 전달하고, 집에 사람이 없으면 열쇠공을 불러 문을 따고 들어가 집에 잘 보이는 곳에 계고장을 붙이고 나온다.

이렇게 계고장을 붙이고 나오면 사실상 명도가 끝났다고 생각해도 된다. 점유자가 내가 없는 집에 문을 따고 들어와 계고장을 붙였다는 것을 본다면 이 집을 빨리 비워 줘야겠다는 생각이 들 것이다. 계고장의 내용은 대략 언제까지 강제집행을 할 것이니 그때까지 낙찰자와 잘 협의해서 집을 비우라는 내용이다. 계고장을 붙이고 나서 실제로 강제집행까지 하는 경우는 많지 않다.

● 강제집행 비용청구가 가능할까?

결론부터 말하자면 집주인에게 청구가 가능하다. 집행비용에 대한 확정 결정을 받으면, 그 결정문을 가지고 채무자의 다른 재산에 강제집행(경매, 압류, 현금화)가 가능하다.

더불어, 창고로 옮긴 짐이 있는 경우는 매각명령 절차를 통해 현금으로 바꾼 후, 그 현금을 수령하는 등의 절차를 통해 집행비용에 대한 회수가 가능하다.

하지만 현실적으로 강제집행 비용을 청구한다고 해도 받기는 어렵다. 이미 경제적 상황이 어려워서 경매로 집이 넘어간 상황이기 때문에 집주인이 돈을 갚을 능력이 없기 때문이다. 따라서 강제집행 전에 적절한 이사비용으로 협상을 하는 것이 좋다. 30평대 아파트를 기준으로 노무비용과 창고비용을 계산한다면 강제집행 비용은 500만 원 정도라고 생각하면 된다.

● 강제집행의 진행순서

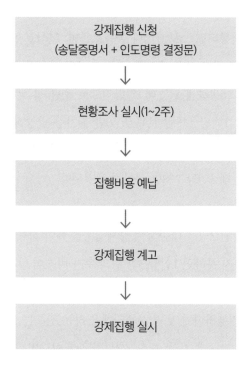

강제집행 신청
(송달증명서 + 인도명령 결정문)

↓

현황조사 실시(1~2주)

↓

집행비용 예납

↓

강제집행 계고

↓

강제집행 실시

강제집행은 **집행문 부여 신청**을 하고, 이후 판결문을 첨부하여 관할법원에서 신청서를 작성하면 **계고** 날짜를 지정받게 된다.

여기서 계고는 상대방에게 경고를 하는 것으로 스스로 결정을 이행할 수 있는 마지막 기회를 부여하는 것으로 이해하면 된다. 계고 기간이 경과하면 비로소 강제집행이 진행된다.

강제집행을 신청하려면 집행력 있는 정본, 송달 증명원, 강제집행 예납

금, 도장, 위임할 경우 인감증명서, 위임장 등이 필요하다.

강제집행이 진행되면 노무자비나 물류보관비, 열쇠교체비 등이 발생하며, 화물차나 탑차를 이용하게 되는 경우 추가비용이 발생한다. 물류보관비가 가장 많이 발생하게 되는데, 일반적으로 운반 및 상하차비가 40~60만 원, 컨테이너 1대당 1개월 보관료 30만 원가량 발생한다. 보관료는 3개월 치를 한 번에 계산함을 원칙으로 한다. 노무자비는 집행면적에 따라 인원을 산정하는데 1인당 7~8만 원선에 책정된다.

집행관은 입회인 2명을 대동하여 강제집행을 해야 하는데, 낙찰자가 입회인 2명을 구하지 못하면 1인당 3만 원의 추가 비용이 발생한다.

실제 경매를 진행하다가 보면 강제집행을 하는 경우는 10건을 하면 1건 정도로 드물다. 그래서 가장 좋은 것은 적당한 이사비를 지불하고 빠르게 집을 비우도록 하는 것이 가장 최선의 방법일 것이다. 이사비를 주기 싫어서 시간을 끌다 보면 낙찰자 본인도 많이 힘들어지고, 추후 강제집행 시 더 큰돈이 들 수도 있다. 그러니 반드시 협상력을 길러, 낙찰물건을 점유하고 있는 집주인이나 세입자와 원만한 협상을 할 수 있는 협상가가 되어야 한다.

Tip 계고

일정한 기간 안에 행정상의 의무를 이행하지 않을 경우에, 강제 집행한다는 내용을 문서로 알리는 일(통상, 집행관 여비, 수수료 등으로 10~20만 원 책정, 기술자 입회로 인한 추가 비용이 발생할 수 있음, 추가 시 40만 원 내외)

Tip 집행문 부여신청 필요서류

인도명령 판결문, 집행문부여 신청서 2장, 신분증, 도장

10장

돈 버는
알짜 인테리어

실전 사례 - 430만 원으로 2천만 원 더 벌기

이번 챕터에서는 소액으로 경매 투자 시 꼭 알아야 할 인테리어를 소개하려고 한다. 인테리어는 경매 투자의 마지막 단계이자 가치를 한 단계 더 상승시킬 수 있는 마지막 단계라고 할 수 있다. 명심해야 할 점은 필요한 만큼만 인테리어를 하면 된다는 것이다. 인테리어 업자가 아니라면 경매로 하는 인테리어는 필요한 만큼만 하도록 하자.

인테리어를 하다 보면 자꾸 욕심이 나게 된다. 그래서 불필요한 부분까지 예쁘게 바꾸는 경우가 많다. 흔히 이런 경우를 '보태보태병'이라고 하는데, 불필요한 부분까지 보태서 수리하다 보면 수익률도 낮아지고 인테리어에 대한 피로감도 쌓이게 된다. 이번 챕터를 통해 경매 투자의 꽃인 인테리어에 대한 감을 잡으시길 바란다.

눈이 녹고 날씨가 따뜻해질 무렵 임장을 가기 위해 물건을 검색하고 있었다. 그러던 중 인천에 유난히 저렴하게 나온 빌라가 눈에 띄었다. 인천 구시가지에 나온 물건이었다. 지금도 마찬가지이지만 인천 구시가지의 빌라는 인기가 많지 않다. 편견이 있기 때문이다. 골목도 좁은 경우가 많고 외국인들도 간혹 보이기 때문에 상대적으로 기피하는 지역이다.

하지만 인천 구시가지의 경우 최근 지하철도 들어오고 많은 발전이 있는 곳이다. 또한 외국인보다 우리나라 사람들이 훨씬 많이 사는 지역이라 크게 신경 쓸 부분도 아니다. 주거 환경도 좋아지고 있는 곳이라 임장을 나가기로 했다.

차를 타고 도착하니 가장 먼저 만수역이 보였다. 지도에서 확인했을 때는 꽤 먼 거리 같아 보였는데 실제로 와 보니 걸어서 5분도 안 되는 거리에 지하철이 있었다. 4년 정도 된 신축 빌라였기 때문에 외관도 깨끗했고 문제도 없어 보였다.

무엇보다 평지에 위치한 점이 마음에 들었다. 개발이 안 된 인천 구시가지의 경우 언덕에 위치한 빌라가 많아서 차를 타거나 걸어가기에 불편한 경우가 많다. 하지만 이 빌라의 경우 평지에 위치하고 있어서 상대적으로 접근이 쉬웠다.

근처에는 재래시장이 있었다. 마침 출출한 참이라 핫도그를 사 먹으러 시장에 들어섰다. 시장도 최근에 리모델링을 한 것인지 내부가 깔끔했고 사람들도 많아 활발한 분위기였다. **인근에 시장이 위치하고 있고 활발하**

다는 것은 그만큼 유동인구가 많고 수요가 많다는 것이다. 그래서 임장을 가면 꼭 인근 마트나 시장, 먹자골목에 가 보고 수요를 파악하는 것을 추천한다.

유동 인구를 확인하고 인근 부동산으로 들어갔다. 매매가격과 임대가 얼마에 나가는지 직접 들어 보는 것이 좋기 때문이다.

"안녕하세요. 전세 알아보러 왔는데요."
"네. 어서오세요."

부동산에서 시세를 알아볼 때 경매 나온 물건을 보러 왔다고 얘기하면 안 된다. 인근에 경매가 나오면 경매 물건에 대한 문의가 많기 때문에 직접 찾아가서 경매 물건을 물어보는 경우 친절하게 대답해 주는 경우는 없다. 돈도 안 되는데 문의는 너무 많고 일하는 데 방해가 되는데 좋아할 사람이 누가 있겠는가. 낙찰받으면 고객이 될 거라고 생각하는 건 입찰자의 생각일 뿐인 것이다.

"근처에 빌라 좀 보려고 왔는데요. 방은 3개가 필요해요."
"금액은 어느 정도 생각하시나요?"
"오천만 원 정도 있는데…. 조금 무리하면 7천만 원도 가능할 것 같아요."
"네 그러시면 괜찮은 빌라 몇 군데 있는데 보여 드릴게요."

전세는 보통 4천만 원에서 5천만 원 사이였다. 경매로 나온 물건은 4년

된 준신축 건물이었기 때문에 5천만 원은 받을 수 있을 것 같았다. 무엇보다 수요가 많아 전세를 구하기 어려운 상황이었다. 여러 가지 상황을 봐도 투자할 만한 가치가 있는 물건이었다. 입찰에 들어가기로 결정했다.

막상 입찰에 들어가니 생각보다 입찰자가 몰리지 않았다. 아무래도 인천 구시가지에 나온 빌라라 상대적으로 관심이 적은 것 같았다. 비교적 저렴한 5500만 원에 낙찰을 받았다. 잔금을 치르고 세입자를 만나러 갔다.

세입자를 만나러 가는 발걸음이 가벼웠다. 세입자가 전세금 4000만 원을 100% 배당받아 가는 상황이었기 때문이다. 대부분 이런 경우는 명도에 어려움이 없다. 적당한 이사비만 주면 이사 날짜를 조율해서 빨리 내보낼 수 있다.

세입자는 젊은 부부였는데 초등학생 정도 돼 보이는 남매가 있었다. 이미 이사 준비가 끝난 상황이라 이사비 없이 내보낼 수 있었다. 잔금을 치르고 1달 정도 만에 명도까지 마무리됐다. 이제 인테리어만 남았다.

항목	비용
도배 및 장판	120만 원
욕실	100만 원
도장	50만 원
보일러	60만 원
싱크대	100만 원
기본 수리 합계	430만 원

아무리 수요가 많아도 팔 때 비싸게 팔아야 하고, 세를 놓아도 좋은 가격에 놓아야 한다. 세를 좋은 가격에 놓기 위해서 인테리어는 필수다. 물론 인테리어를 하지 않고 그대로 세를 놓아도 상관없다. 하지만 인테리어를 하고 세를 놓으면 인테리어에 들어간 비용보다 더 비싼 가격에 세를 놓을 수 있다.

인테리어 전 전세 금액	5000만 원
인테리어 후 전세 금액	7000만 원
상승한 전세 금액	2000만 원

또한 인테리어를 하게 되면 세입자도 더 빨리 들어온다는 사실도 잊으면 안 된다. 세입자가 늦게 들어올수록 그만큼 손해를 본다는 것을 잊지 말자. 예를 들어 세입자가 3달 동안 들어오지 않고 있다면 3달 동안 받을 수 있는 월세와 내야 할 이자, 관리비를 손해보고 있다고 생각하면 된다. 따라서 인테리어는 선택이 아닌 필수다. 현재 해당 물건 인근이 계속 개발되고 있어서 현재 시세는 1억 원이 넘었다.

 복마마 TIP

Q. 전세는 어차피 돌려줘야 할 돈 아닌가요?

가끔 구독자분들이나 고객분들이 전세를 왜 잘 놔야 하는지 물어보는 분들이 계십니다. 전세는 결국에는 돌려줘야 할 돈입니다. 하지만 전세를 높게 설정할 수 있다면 투자금을 회수할 수 있고, 이자도 줄어든다는 것을 명심하셔야 합니다.

그리고 무엇보다 중요한 것은 나중에 매매를 할 때 매매금액은 전세금액을 따라간다는 것입니다. 즉 전세가 높은 가격에 설정되면 매매할 때 그만큼 높은 가격에 팔 수 있는 것입니다. 그래서 인테리어를 통해서 전세금을 높이는 것이 중요합니다.

인테리어의 필요성

"중요한 것은 어떻게 시작했는가가
아니라 어떻게 끝내는가이다."

-앤듀르 매튜스-

최근 집에 있는 시간이 늘어나면서 인테리어가 유행처럼 번지고 있다. 인테리어와 관련된 어플리케이션도 많이 출시되고 있으며 온라인 카페에 가입한 사람도 크게 늘었다.

요즘은 인테리어가 삶의 질을 높이는 수단으로 각광받고 있어서 인테리어가 잘된 집과 그렇지 않은 집의 차이가 크다. 인테리어가 잘되어 있는 집은 월세나 전세를 받기에도 수월하며 물건의 가치도 크게 높아진다. 낡고 허름해서 사람들의 관심이 없는 물건은 상대적으로 경쟁도 적고 낙찰가도 낮게 형성된다.

예를 들어 같은 지역에 위치한 신축 빌라의 매매가격이 1억 원이고 허름한 빌라의 매매가격이 5천만 원이라고 할 때 두 빌라가 동시에 경매가 나왔다고 가정해 보자. 같은 지역에 위치한 빌라라도 신축의 경우 낙찰가도 높고 사람들의 관심도 높다. 반면 신축 빌라 근처에 10년 이상 된 빌라의 경우 신축 빌라에 비해서 낡고 허름해 보이기 때문에 사람들의 관심도 적고 낙찰가도 상대적으로 낮게 형성된다.

만약 신축 빌라를 8천만 원에 낙찰받았고 허름한 빌라를 3천만 원에 낙찰받았다고 가정했을 때 낡고 허름한 빌라를 신축 빌라만큼 내부 인테리어를 한다면 어떻게 될까? 수요가 많은 지역이라면 신축 빌라만큼 가치를 끌어올릴 수 있다. 3천만 원에 낙찰받은 허름한 빌라를 1천만 원을 보태서 인테리어를 하고 8천만 원에 매매를 한다면 신축 빌라를 낙찰받은 경우보다 더 큰 수익을 창출할 수도 있는 것이다.

경매로 낙찰을 받은 순간 돈을 버는 것이지만 그걸로 만족하면 돈을 벌 수 있는 기회를 놓치는 것이다. 인테리어는 경매를 마무리하는 중요한 단계이자 수익을 극대화할 수 있는 수단이다. 인테리어를 통해서 적게는 30%에서 많게는 100%까지 수익을 극대화 할 수 있다. 투자를 목적으로 낙찰을 받는 경우라면 인테리어는 더욱 중요하다.

경매로 낙찰받은 물건을 인테리어 하는 알짜팁을 공개하기 전에 먼저 인테리어의 종류에는 어떤 것들이 있고 반셀프 인테리어는 어떤 과정을 거치는지 알아보자.

인테리어의 유형

(1) 턴키 인테리어

턴키(Trun Key)라는 단어는 말 그대로 키를 맡긴 뒤 다시 찾아간다는 의미이다. 즉 인테리어 업체에게 모든 것을 맡기고 최종 완성된 현장을 전달받는 방식의 인테리어 시공 방법이다. 일단 턴키 인테리어는 편하다. 내가 원하는 콘셉트를 정한 뒤 업체를 선정을 해서 시공이 끝날 때까지 특별히 신경을 쓰지 않아도 된다.

하지만 편한 만큼 가격은 비싸다. 인테리어 업체 평균 마진이 15~30%이기 때문에 대대적으로 인테리어를 한다면 천만 원 이상의 손해를 감수해야 한다. 턴키 인테리어는 시간적 여유가 없는 분들에게 추천한다.

(2) 반셀프 인테리어

반셀프 인테리어는 직접 기술자들을 고용해서 진행하는 방법이다. 인테리어 업체를 통하지 않고 직접 시공 전문가를 고용해서 진행하기 때문에 턴키 인테리어에 비해서 시간과 노력이 투자되어야 한다.

하지만 인테리어 업체가 하는 일을 직접 하기 때문에 비용을 크게 아낄 수 있다. 또한 자재 구입부터 시공 전문가 고용까지 모든 비용의 결제를 직접 진행하기 때문에 투명하게 인테리어를 진행할 수 있다는 장점도 있다.

(3) 셀프 인테리어

셀프 인테리어는 현장을 관리하고 감독하는 것뿐만 아니라 기술자들을 고용하지 않고 직접 부분적인 도장, 시공, 도배, 타일 작업을 하는 것이다. 셀프 인테리어는 가장 저렴하다는 장점이 있다. 하지만 전문적인 기술력이 필요한 부분은 혼자 진행하기 어렵기 때문에 한정된 공간에만 시공이 가능하다는 단점이 있다. 손재주가 있는 분들이라면 가능한 선에서 셀프 인테리어를 추천한다. 하지만 시간이 오래 걸리는 단점이 있기 때문에 임대료가 비싼 공간에는 셀프 인테리어로 진행하는 것을 추천하지 않는다.

필자도 셀프 인테리어를 많이 하는 편이지만 시간도 오래 걸리고 온몸이 쑤시는 바람에 최근에는 반셀프 인테리어를 주로 하는 편이다.

반셀프 인테리어 과정

반셀프 인테리어는 스스로 일정을 짜고 작업지시를 하고 현장감리를 해야 하기 때문에 시간과 노력이 필요하지만 턴키 인테리어보다 최대 30% 정도 비용을 절감할 수 있다. 인테리어를 많이 해야 할수록 이 차이는 커지게 된다. 알고 보면 간단한 반셀프 인테리어의 15가지 과정을 소개한다. 모든 과정을 진행할 필요는 없다. 경매로 낙찰받은 물건을 파악한 뒤 필요한 부분만 진행하면 되기 때문이다.

(1) 담당자 섭외와 계약

어떤 담당자를 만나고 어떤 작업자를 만나는 지는 반셀프 인테리어에서 가장 중요한 부분 중 하나이다. 인테리어 경험이 없다면 저렴한 견적보다는 경험이 많은 담당자를 섭외하는 것이 좋다.

(2) 공사신고 및 서명

인테리어를 하기 위해서는 공사신고를 하고 이웃과의 협의를 거쳐야한다. 경매로 낙찰받은 물건이 아파트라면 공사신고비, 엘리베이터 사용비, 보양비도 맞춰서 해 줘야 한다.

이때 입주민 서명을 받아야 하는데 바쁘거나 거리가 먼 경우에는 일일이 받으러 다니는 것보다 서명을 대신 받아 주는 업체를 활용하는 것을 추천한다. 일당 10~20만 원 내외로 서명을 대신 받아 주는 업체를 활용한다면 시간을 아끼고 수고를 덜 수 있다.

(3) 철거

철거는 철거전문 업체에 의뢰해서 한꺼번에 진행하는 것이 좋다. 인테리어 과정 중에 철거해야 할 상황이 나온다고 추가로 비용이 발생하기 때문이다. 필요에 따라 벽을 철거해야 할 때는 아파트 사무소에 가서 철거가 가능한 비 내력 벽인지 체크를 해 보는 것도 필요하다. 대체적으로 비 내력 벽의 경우 빗금으로 표시를 해 두기 때문에 쉽게 알 수 있다.

철거할 때는 창호(샤시)를 하는 업체에 철거도 함께 맡긴다면 비용이 절감된다. 30평대를 기준으로 기본철거와 마루철거를 동시에 진행한다면 대략 150~200만 원의 비용이 소모된다고 보면 된다.

(4) 창호(샤시)

창호는 브랜드마다 고가형, 중가형, 저가형이 있는데 스펙이나 가성비로 따져 봤을 때 중가형을 추천한다. 창호는 브랜드도 중요하지만 시공업체도 중요하기 때문에 꼼꼼하게 따져 봐야 한다.

(5) 단열(난방배관)

단열과 난방배관은 오래된 물건인 경우 철거 과정에서 꼭 살펴봐야 한다. 특히 오래된 아파트는 동파이프가 많기 때문에 부식이 돼서 난방 효율이 떨어지는 경우가 많다. 이런 경우 교체 작업을 통해서 난방 효율을 높이는 것이 좋다.

(6) 목공 및 목창호

목공은 흔히 인테리어의 꽃이라고 한다. 목공은 작업하는 기술자에 따라서 작업 퀄리티가 달라지기 때문에 좋은 작업자를 찾는 것이 관건이다. 또한 업체와의 계약이 아닌 작업자를 직접 섭외하기 때문에 더욱 신중해야 한다. 하지만 작업자의 포트폴리오를 볼 수도 없고 경력을 확인해 볼 수도 없으니 답답한 경우가 많다. 추천드리는 방법은 인근에 위치한 인테리어 자재상에 물어보는 것이다. 한 지역에서 오래 장사를 한 경우 뜨내기를 소개해 줄 염려가 적고 신뢰할 수 있는 방법이다.

목창호는 업체에서 공사를 해 주는 경우도 있지만 일반적으로 직접 설치해 주지 않는다. 목공 작업을 할 때 목창호를 접목시키는 경우 효율성도 올라가고 돈도 절약할 수 있다.

(7) 전기배선작업

등이나 전기 시설이 그대로 들어간다고 하면 추가적으로 할 필요는 없지만 디자인적으로 등의 위치나 개수가 변경될 때는 전기배선작업이 필요하다. 전기배선작업은 해당 물건 인근 지역의 조명 가게에서 조명을 구입하면서 섭외하는 것을 추천한다. 조명은 A/S가 생각보다 많기 때문이다. 전기배선작업 인건비는 일반적으로 일당 25만 원 내외이며 부자재 비용은 별도이다.

(8) 타일

주방이나 욕실 타일은 덧방을 기본으로 진행되는데, 덧방이 싫다면 철거공정에서 꼭 별도로 요청을 해야 한다. 인테리어 중 욕실 공정이 있다면 욕실을 진행하는 타일 반장님에게 주방이나 현관 타일도 추가로 요청하는 것을 추천한다. 욕실 공정을 진행하지 않는다면 주방 담당자에게 요청하거나, 타일자재 상가에서 섭외하는 방법도 있다. 타일 인건비는 일당 35만 원 내외이며 마찬가지로 부자재 비용은 별도이다. 에폭시 시공이나 헤링본 시공 등에 따라 추가 비용이 발생할 수 있다.

(9) 욕실

욕실은 특이한 경우가 아닌 이상 기존 설비위치 그대로 진행한다. 욕실은 타일 공사가 끝나야 진행할 수 있다. 작업자 섭외는 타일과 다른 경우도 크게 상관이 없다. 욕실 도기는 크고 무겁기 때문에 필름이나 도장 공정 전에 하는 것이 가장 좋다.

(10) 필름 및 도장

필름은 인테리어에서 비용을 절약할 수 있는 방법 중 하나이다. 필름은 전체 견적의 기준이 없는데 작업내용이나 모양, 부위에 따라 가격이 천차만별이기 때문이다. 필름은 문과 문틀의 모양에 따라 1세트당 15~25만 원 정도의 비용이 발생한다. 필름은 브랜드 있는 필름 업체에서 비교견적을 받는 것을 추천한다.

(11) 마루

마루는 많은 면적을 차지하기 때문에 마루의 컬러가 전반적인 집의 분위기를 결정한다. 마루를 시공하지 않는 경우 장판으로 대체한다. 예전에는 강화마루도 많았지만 열전도율이나 뒤틀림현상 때문에 최근에는 강마루를 많이 한다. 각 브랜드마다 비용이 상이하지만 강마루는 시공비와 걸레받이를 포함하여 평당 9~10만 원 수준이다.

(12) 도배

도배의 경우 마루 시공만큼 넓은 면적을 차지하는데, 도배 색상에 따라서 공간에 대한 구성과 분위기가 달라진다. 만약 장판을 진행하는 경우 도배 후에 장판을 하는 것을 추천한다. 도배 작업자는 보통 2인으로 함께 움직이는 데 인건비는 1인 기준으로 일당 20~25만 원 수준이다. 도배는 특성상 시공 직후 A/S가 많은 부분이라 빠르게 수리할 수 있는 동네 지물포에서 하는 것을 추천한다.

(13) 조명

도배까지 완료되었다면 조명을 설치한다. 조명은 최근에 젊은 층이 가장 중요하게 생각하는 부분이다. 공간이 어떤 색이냐에 따라서 분위기가 완전히 달라지기 때문이다. 신혼부부가 많거나 젊은 층이 많은 지역일수록 조명에 신경을 써야 한다.

(14) 가구

문을 열고 들어갔을 때 신발장부터 시작해서 현관까지 전체적인 느낌을 좌지우지하는 것이 바로 가구이므로 인테리어에서 가장 중요하다고 할 수 있다. 특히 여성들이 가장 중요하게 생각하는 곳은 주방이다. 주방을 예쁘게 꾸미면 전체적으로 집의 분위기가 상당히 화사하고, 밝아 보이게 된다.

가구는 도배와 장판이 끝난 후에 하는 것이 좋다. 바닥재가 안 깔린 상태로 시공하는 게 가장 편하겠지만, 예쁜 마감을 위해 가구 공정을 마지막에 하는 것이 좋다. 주방가구는 사제보다는 브랜드 가구를 추천하는 데 사용하다 몇 년 뒤 A/S가 필요한 경우가 많기 때문이다.

(15) 입주청소

입주청소는 비용적인 문제로 개인이 하는 경우도 많다. 하지만 철거를 한 경우에는 업체에게 맡기는 것을 추천한다. 철거 작업에서 많은 먼지들이 수북하게 쌓이게 된다. 집안에 쌓인 먼지를 개인이 청소하는 것은 매우 어렵다. 입주청소 비용은 평당 약 10,000~15,000원 정도이다.

인테리어 비용은 얼마나 들까?

(1) 아파트

아파트는 평수와 인테리어를 어떤 수준으로 하느냐에 따라서 평단가가
달라진다.

항목	비용
도배 및 장판	100~150만 원
욕실	80~120만 원
보일러	50~70만 원
LED 전등	40~60만 원
기본 수리 합계	300~400만 원

30평대 아파트 기본 수리비는 업체에 따라 상이하지만 창호(샤시)를 포
함해서 대략 천만 원 정도이다. 아파트의 경우 확장공사를 통해 이용면적
을 넓히는 경우도 있는데 이 경우 고급자재를 사용한다면 평당 150만 원

가량의 비용이 발생한다.

(2) 빌라(다세대 주택)

빌라의 경우 아파트에 비해 저렴하게 경매로 낙찰을 받아 수리를 통해서 가치를 높이기 가장 쉬운 경매 물건이다. 빌라의 경우도 아파트와 비슷한 수준의 인테리어를 필요로 한다.

빌라의 경우 전용면적 20평대 기준으로 도배 및 장판, 욕실, 보일러, LED 전등교체 등 기본 수리 비용은 250~300만 원을 예상할 수 있다.

전문 업체를 선정하여 빌라 전체를 올수리 한다면 창호(샤시)까지 포함해서 대략 천만 원 정도의 비용이 들어간다.

(3) 오피스텔

주거용 오피스텔의 경우 아파트와 빌라와는 다르게 주방 부분도 신경을 써야 한다. 오피스텔의 경우 작은 평수에 생활 필수 시설들이 밀집해 있는 구조이기 때문에 부분적인 수리를 필요로 하는 경우가 많다.

항목	비용
드럼세탁기	40~50만 원
냉장고	30~50만 원
인덕션	20~40만 원
싱크대	60~80만 원
욕실(줄눈시공 및 세척)	30~50만 원
냉난방 수리	40~60만 원
LED 전등	20~30만 원

도배 및 장판	80~100만 원
전체 올수리 합계	350~450만 원

(4) 주택

주택은 단층인지 복층인지에 따라서 비용이 많이 차이가 난다. 또한 주택은 노후화된 주택도 많기 때문에 외벽과 마당, 담장 등 추가적인 수리가 필요한 경우도 많다. 특히 복층의 경우에는 인테리어 비용이 많이 들수 있기 때문에 꼼꼼하게 체크해서 수리와 인테리어를 하는 것이 좋다.

(5) 상가

상가는 어떤 용도와 업종으로 사용되고 있는지에 따라 수리비가 상이하다. 상가의 경우 직접 사용하는 경우가 아니라면 임차인이 인테리어를 하고 들어오기 때문에 수리비용과 인테리어 비용은 거의 들지 않는다.

11장

복마마의
경매 투자
노하우

실전 사례 - 경매 취하, 공무원의 실수

대전에서 아파트 경비원을 하시던 분이 연락이 왔다. DMZ 내에 경매 물건이 나왔는데 꼭 낙찰받고 싶다는 것이다. DMZ는 비무장지대로 남북이 협정을 통해 군사 시설이나 인원을 배치하지 않는 지대이다. 충돌을 방지하는 구실을 하는 곳으로 DMZ에 있는 땅은 아무나 들어갈 수도 없고 나갈 수도 없는 곳이라 개발도 할 수 없는, 소위 말하는 묶여 있는 땅이다.

물론 가능성은 매우 낮지만 만약에 통일이 되어서 그 지역이 개발이 된다면 통일된 국가의 중심에 있는 가장 핫한 지역이 될 것이다. 가능성은 매우 낮지만 1등에 당첨되면 인생 역전이 가능한 로또 복권처럼 DMZ에 있는 땅을 로또라고 부르기도 한다.

2018년 판문점 선언으로 북한과의 관계 개선에 대한 기대감이 높아지면서 파주, 철원 등 북부 지역의 땅 값이 엄청 상승했다. 이 시기에 맞물려서 대전에서 아파트 경비원을 하시던 분이 DMZ에 경매로 나온 땅을 의뢰한 것이다.

이 토지는 10,000평 정도의 땅 중에 3,000평이 경매로 나온 경우였다. 지분 경매의 경우에는 공유자가 우선권을 가지기 때문에 어렵게 낙찰을 받는다고 해도 공유자가 뺏어가 버리는 경우가 많다. 물론 공유자가 우선권을 행사하지 않는다면 일반인도 낙찰을 받을 수 있지만 공유자가 우선권을 행사하는 경우가 많기 때문에 일반인들은 잘 들어가지 않는다.

이 물건을 의뢰하셔서 처음에는 어렵다고 말씀을 드렸다. 애써 낙찰받으러 갔는데 헛수고가 되는 것이 눈에 선했기 때문이다. 그런데 의뢰하신 분이 너무 간절하셨다. 평생 땅 하나 갖지 못하고 살았던 인생이 너무 후회된다고 하셨다. 고생만 시킨 자식들에게 죽고 나서도 물려줄 재산이 없는 게 너무 한탄스럽다고 사정을 하셨다. 아파트 경비원을 하시면서 모아 둔 작은 종잣돈으로 할 수 있는 토지를 찾다가 이 물건을 발견하고 연락을 주신 것이다. 현재는 가치가 없지만 훗날 통일이 된다면 자식들에게 큰 재산을 물려줄 수 있기 때문에 이 물건을 꼭 받고 싶다고 하셨다. 사연을 듣고 도와드릴 수밖에 없었다.

시세를 파악해 보니 여러 번 유찰된 상황이라 사람들이 관심을 가질 만했다. 공유자 우선 매수권이 있는 물건이지만 해당 물건에 입찰자가 있을 것으로 예상됐다.

"어느 정도 써야 낙찰받을 수 있을까요?"

초조한 목소리로 의뢰자가 물어봤다.

"글쎄요…. 입찰자가 꽤 있을 것 같은데요."
"꼭 낙찰받고 싶습니다. 높게 써도 상관없습니다."
의뢰자가 간절한 상황이었기 때문에 높은 금액을 쓰기로 결정했다.

"낙찰받은 다음에 공유자가 들어올 수도 있으니 엄두가 안 나도록 높게 쓰는 게 좋겠어요."

공유자를 의식해서 입찰 금액을 높게 썼다. 예상대로 입찰자가 3명이 더 있었지만 최고가 매수인으로 낙찰을 받았다. 워낙 높은 금액을 썼기 때문에 공유자들도 법원에 왔지만 그 정도 비용을 투자할 가치가 없다고 판단해서 포기했다.

최종 낙찰자로 선정되는 순간 의뢰인 분이 너무 기뻐하시면서 눈물을 보였다. 이렇게 간절하신 분이 낙찰을 받으면 입찰을 도와주는 입장에서도 보람을 느낀다.

법원의 허가가 떨어지자마자 잔금도 바로 치렀다. 이제 등기를 받을 순간만 기다리고 있었는데 며칠을 앞두고 법무사님이 연락이 왔다.

"이 물건이 경매 진행 절차부터 문제가 있어서 경매 자체를 다시 되돌려야 한다네요."

갑작스러운 상황에 당황했다.

"무슨 문제가 있었는데요? 이런 경우는 거의 없잖아요."

"그 부분은 담당 공무원이 말해 줄 수 없다고 합니다. 실수가 있었다고 합니다. 계속해서 죄송하다고 연락이 왔습니다."

경매를 진행하는 공무원이 실수를 한 것이다. 아직 등기가 된 상황이 아니기 때문에 취소할 수밖에 없다고 상황을 전해 왔다. 이런 경우는 정말 드물다. 낙찰을 받고 취하가 되는 경우는 흔하게 있지만 등기를 하는 과정에서 취소가 되는 일은 거의 없기 때문이다.

돈은 모두 돌려받았지만 의뢰하신 경비 아저씨는 너무 허탈하고 억울하다고 소송까지 가고 싶다고 하셨다. 하지만 소송을 이기기도 어려운 상황이라 결국 포기할 수밖에 없었다. 담당 공무원이 의뢰자 분에게 진정성 있게 사과를 드렸고 의뢰자 분도 결국 어쩔 수 없는 상황을 인정할 수밖에 없었다.

경매가 등기 과정에서 취하된 이유를 생각해 보면 누군가가 경매 과정에 문제가 있었던 점을 찾아내서 신고한 것이라고 생각할 수밖에 없다. 낙찰을 받은 뒤 남북 관계가 좋아지면서 인근에 땅 값이 오른 상황이었기 때문에 포기했던 공유자들이 경매 과정에서 문제를 발견하고 신고한 게 아닐까 생각한다.

　의뢰자 분은 크게 낙심하셨지만 마침 철원에 1656평짜리 좋은 땅이 나왔다. 더 좋은 토지를 4720만 원에 낙찰받아 드렸고 의뢰인 분에게 든든한 자산을 안겨드렸다.

매일옥션 무료전문가상담
1599-2646
신뢰에 보답하는 법원 경매 전문

해당물건 상담신청

█████████ **의정부지방법원** 매각기일 : 2020.10.08(목) 10:30 　경매15계

소재지	강원도 철원군 ██████████					대법원바로가기
물건종류	전	채권자	주OOO OOOOO [임의경매]	입찰방법	기일입찰	
경매대상	토지매각	채무자	임OO	사건접수일	2020.02.18	
토지면적	5,477.00㎡(1,656.79평)	소유자	임OO	개시결정일	2020.02.20	
건물면적		감정가	67,203,000	배당종기일	2020.05.11	
경매종류	부동산임의경매	최저가	(70%)47,042,000원	말소기준권리	2019. 8. 1	
청구금액	22,183,013원	입찰보증금	(10%)4,704,200원	입찰일	2020.10.08(목) 10:30	

🔲 **물건사진**

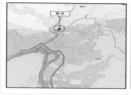  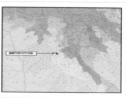

🔲 **진행과정**

접수일	구분	일자
1일	사건접수일	2020.02.18
3일	개시결정일	2020.02.20
84일	배당종기일	2020.05.11
157일	최초경매일	2020.07.23

🔲 **매각과정**

접수일	회차	입찰기일	최저가	비율	상태
156일	1	2020-07-23	67,203,000	100%	유찰
191일	2	2020-08-27	47,042,000	70%	변경
233일	3	2020-10-08	47,042,000	70%	매각
매각			매각가 47,200,000 (70%)		

통장잔고 5,000원에서
100억 원 자산가가 된 복마마

대장암 말기와 사업 실패. 두 번의 시련을 극복하고 주머니에 남은 돈은 5,000원뿐이었다. 이후 보험에서 열심히 일해서 생계는 유지했지만 내 집을 마련하거나 부자가 되는 길은 나와는 상관없는 일이라고 생각했다. 그렇게 하루하루를 살아가면서 우연히 만난 경매는 내 인생을 송두리째 바꿔 놓았다.

앞에서 소개한 것처럼 다양한 실전 경매 경험을 거치면서 통장잔고 5,000원에서 100억 원 이상의 자산가가 되었다. 필자가 어떻게 경매로 성공할 수 있었는지 그 이야기를 담았다. 경매를 처음 시작하는 사람에게 경매는 어떻게 시작해야 하고 3년 뒤에는 어떻게 해야 하는지, 그리고 장기적으로 5년 뒤, 10년 뒤에는 어떻게 경매 투자를 해야 하는지에 대한 노하우를 모두 공개했다.

"계단을 밟아야 계단 위에 올라설 수 있다."

- 터키 속담 -

작은 일을 시작해야 위대한 일도 생긴다는 말이 있다. 세스 고딘의 이 명언은 경매에 딱 들어맞는다. 경매를 처음 시작하는 분들이 가장 많이 하는 실수가 처음부터 시세차익도 많이 날 수 있고 임대 수요도 좋으며, 앞으로 재개발과 재건축 호재도 있고, 전세나 보증금을 많이 받을 수 있는 물건을 받고 싶어 한다. 이런 경매 물건은 찾기도 힘들 뿐만 아니라 경매를 처음 시작하거나 경매 초보 분들은 할 수 없는 물건인 경우가 대부분이다.

필자도 처음에 경매를 시작할 때는 갖고 있는 자금에서 최대한 좋은 물건을 고르려고 노력했다. '이 물건은 전세가 잘 나가겠는데 월세는 어렵겠네.', '이 물건은 앞으로 호재가 많아서 집값이 많이 오르겠는데 너무 비싸네.' 등 아무런 목적 없이 좋은 물건을 고르다가 시간을 낭비하는 경우가 많다.

가장 큰 문제는 목적 없이 물건을 찾다 보면 시작을 못하게 된다는 것이다. 경매 투자로 부자가 되고 싶다면 일단 시작을 해야 한다. 한 번 두 번 경험이 쌓이다 보면 처음에는 좋아 보이던 물건도 단점이 보이게 되고, 쳐다도 보지 않았던 물건도 장점을 발견하게 된다. 그렇다면 어떤 물건으로 시작하는 것이 좋을까?

경매 투자를
소액으로 시작해야 하는 이유

　필자는 소액으로 경매를 시작하는 것을 강력히 추천한다. 처음부터 내가 가진 모든 돈을 영혼까지 끌어모아서 경매에 쏟아붓는다? 아무리 강심장이라도 사실상 불가능한 얘기다. 부동산은 이론보다는 경험이 더 중요하다. 특히 젊은 분들일수록 부동산에 대한 경험이 적기 때문에 소액으로 시작해서 많은 경험을 쌓는 것이 좋다. 그리고 경매는 일반적인 매매가 아니지 않은가. 인터넷 검색만으로, 경매에 대한 지식만으로는 불가능한 얘기다.

　처음에 시작하기 가장 좋은 물건은 바로 빌라이다. 다세대 주택이 좋은 이유는 경매 물건이 많기 때문이다. 경매 물건이 많기 때문에 비교적 쉽게 다른 물건들과 비교가 가능하다. 물건별로 장점과 단점을 찾다보면 어떤 물건이 더 나은지 쉽게 파악할 수 있다. 또한 물건이 많기 때문에 경쟁도 상대적으로 덜한 경우가 많아서 시세에 비해 저렴하게 구입할 수 있다는 장점도 있다. 즉 실패할 확률이 다른 물건에 비해서 현저하게 적다는 것이다.

또한 다세대 주택은 보통 주거 지역에 밀집해 있는 경우가 많고 주택에 비해 전세가 잘 나간다. 필요한 경우 전세를 놓으면 되기 때문에 투자금이 묶일 염려가 없다. 경매 투자로 자산을 늘리려면 내가 보유한 돈을 잘 활용할 수 있어야 하기 때문에 투자금을 확보하는 것이 무엇보다 중요하다.

두 번째로 추천하는 물건은 소액 아파트다. 보통 소액 아파트는 지어진 지 오래됐거나 지방에 있는 아파트가 많다. 여기서 주의해야 할 점은 지방에 있는 소액 아파트에 투자할 경우 세대 수가 500세대 이상은 되어야 한다는 것이다. 지방은 상대적으로 인구가 적기 때문에 금액이 더 저렴하다거나 평수가 넓다는 이유로 인구가 밀집해 있는 지역에서 동떨어진 곳에 있는 아파트는 피하는 것이 좋다. 거래가 활발하지 않은 아파트는 피해야 한다. 수요가 있는 지역의 아파트라면 허름하고 낡아도 위험이 적다.

이렇듯 처음에는 소액 빌라나 아파트로 시작해서 경매를 몸으로 겪어 보는 것이 중요하다. 경매 과정을 이론이 아닌 실제로 겪어 보면 경매 투자가 생각했던 것보다 더 쉽다고 느껴진다. 그리고 경매 공부를 하면서 배운 내용들을 현장에서 적용하면서 재미와 보람을 느낄 수 있다. 막상 실제로 경매를 겪어 보면 내가 이론으로 배울 수 없었던 것들을 배우게 된다. 아무리 좋은 강의와 책이라도 실제로 겪어 보는 것만 못하다. 시작이 반이라는 말이 있다. 일단 시작하면 부자가 될 수 있는 길이 보일 것이다.

소도 비빌 언덕이 있어야 일어선다

제가 이 책을 집필하게 된 이유는 많은 분들에게 비빌 언덕이 되어 드리고 싶었기 때문입니다. 저는 3살 때 군인이셨던 아버지가 돌아가시고 외할머니 손에서 자랐습니다. 부모, 형제도 없고 외할머니마저 돌아가시면서 한참 뛰어놀아야 할 시기에 야간 학교를 다녔습니다. 제 몸 하나 건사하기 위해서 생계를 걱정하며 하루하루를 버텼던 것 같습니다. 미래에 대한 꿈은 꿀 수도 없었죠. 경제적으로 어려웠고 옆에는 도와줄 조력자도 없었습니다. 성인이 되어 세상과 맞닥뜨렸을 때 참 암담한 상황이었습니다. 그래서 저의 20대는 어떻게 하면 제가 주위 사람들과 잘 어울리면서 살 수 있을까를 고민하던 시기였습니다.

해답은 간단했어요. 제가 먼저 다가가는 거였죠. 제가 먼저 인사하고 도와주고 콩 한 쪽이라도 나눠 주기 시작했더니 제 주위에 많은 사람들이 모여들었고 그중에는 저를 위해 조언을 해 주고 도와줄 가족 같은 분들이 생겨나기 시작했습니다. 그때의 깨달음으로 습관처럼 지금도 내가 먼저 손을 내밀고 도우면서 살아가고 있습니다.

힘들고 어려운 시기는 누구에게나 찾아오죠. 이런 시기에 지금의 복마마처럼 힘든 결정을 해야 할 때 조언을 해 줄 수 있는 누군가가 옆에 있다면 좀 덜 외롭고 더 힘이 나는 인생이었을 거라고 생각해요. 복마마가 여러분에게 비빌 언덕이 되어 드리겠습니다.

복마마가 이끌어드린다면, 여러분도 할 수 있습니다

완치될 확률 4%였던 대장암 말기를 이겨 내고 무엇이든 할 수 있다는 자신감으로 시작한 사업은 무리하게 확장하다가 망했습니다. 누구보다 열심히 살았는데 남은 건 통장에 5,000원뿐이었습니다. 제가 잘나고 특별해서 이 모든 것을 이룬 게 아닙니다. 이 책을 보시는 여러분들도 누구나 저처럼 경매로 성공하실 수 있습니다.

요즘 정보는 너무 오픈되어 있고 교육을 하는 곳도 너무 많고 경매 관련 서적도 많습니다. 즉 몰라서 못하는 게 아니란 말이죠. 바로 확신이 없어서 결정을 못하는 경우가 대다수입니다. 아무리 지혜롭고 똑똑한 사람이라도 경매를 처음 시작한다면 걱정도 되고 겁도 날 것입니다. 주저하다 때를 놓치는 거죠.

복마마는 누구보다도 여러분을 잘 이끌어 드릴 수가 있습니다. 그 이유는 제가 경매를 20년 동안 하면서 매일옥션 경매법인의 대표로서 그동안 많은 고객들에게 수천 건의 입찰과 천 건 이상의 낙찰을 통해 99.9%의 고객들을 부자로 만들어 드렸기 때문입니다. 오랜 경험이 판단력과 확신을 가져올 수 있었고 그 어떤 경매사나 유튜버들보다 차별화되고 진정성 있게 다가갈 수 있었습니다.

물건 몇 개를 낙찰받아서 투자에 성공하기는 너무 쉽습니다. 매달 월세를 200만 원에서 300만 원씩 받는다면 생활이 정말 좋아지겠지요. 몇 년 후에 부동산을 팔아서 세 배로 돈을 불릴 수 있다면 무조건 경매를 하셔야 합니다. 그렇게 어렵지 않습니다.

그렇지만 멘토는 달라야 된다고 생각합니다. 왜냐하면 멘토는 길잡이가 되어야 하기 때문입니다. 예를 들어 갑자기 태풍이나 폭우를 만났을 때 선장이 되어서 배에 탄 사람들을 위해 빠른 결정으로 대처해서 안전하게 배가 목적한 곳에 잘 도착할 수 있도록 도와줘야 하는 거지요.

경매도 마찬가지입니다. 모든 경매 사건마다 상황과 경우의 수가 다르고 대처할 일들이 건건이 다 다르지만 복마마가 선장이 되어서 여러분들을 목적지까지 잘 도착할 수 있도록 도와드리겠습니다. 믿고 따라와 주십시오.

부동산 경매
2천만 원으로
복마마 따라잡기

ⓒ 안해진, 2021

초판 1쇄 발행 2021년 11월 18일
3쇄 발행 2024년 1월 5일

지은이   안해진
펴낸이   이기봉
편집   좋은땅 편집팀
펴낸곳   도서출판 좋은땅
주소   서울특별시 마포구 양화로12길 26 지월드빌딩 (서교동 395-7)
전화   02)374-8616~7
팩스   02)374-8614
이메일   gworldbook@naver.com
홈페이지   www.g-world.co.kr

ISBN   979-11-388-0403-5 (03320)